Blattschuss!

Gerald Drews

Blattschuss!

Das Buch der Jägerwitze

REGIONALIA
VERLAG GMBH

Blattschuss! Das Buch der Jägerwitze
Gerald Drews

10. Auflage 2024

Regionalia Verlag,
ein Imprint der Kraterleuchten GmbH, Gartenstraße 3, 54550 Daun
Alle Rechte vorbehalten

Einbandgestaltung: Beata Salanowski für agilmedien, Niederkassel
Layout und Satz: Derek Gotzen, Köln

Hergestellt in der Europäischen Union, Finidr, CZ

ISBN 978-3-95540-223-5
www.regionalia-verlag.de

INHALT

INHALT

INHALT

Der Jäger und sein Nachwuchs

Es ist unvermeidlich: Jäger und Förster müssen sich nicht nur um Wald und Wild kümmern und um die beste Frau von allen, sondern auch um den heimischen Nachwuchs. Naja, wenigstens hin und wieder. Und das kann Nerven kosten, wie die Seiten dieses Kapitels beweisen.

Gesundheit, Herr Oberförster!

Jägerei und Medizin – irgendwie geht es bei beidem um Leben und Tod. Dass man die Sache aber auch von der heiteren Seite nehmen kann, wird hier bewiesen.

Na denn Prost!

Nicht umsonst folgt auf das Kapitel über Gesundheit ein Kapitel über dessen größten Feind, den Alkohol. Und ebenfalls nicht umsonst heißt einer der berühmtesten Schnäpse „Jägermeister". Machen wir uns nichts vor: Jäger heben nun mal gern einen. Das unterscheidet sie nicht von Menschen, die sich in ihrer Freizeit zum Singen, Kegeln oder Kartenspielen treffen. Dass Alkohol jedoch manchmal den Blickwinkel aufs eigentliche Zielobjekt leicht verändern kann, unterstreichen wir mit den folgenden Witzen.

Tiere im Jagdrevier

Wäre es nicht spannend zu wissen, was sich Tiere manchmal so denken? Worüber sie sich unterhalten? Wie sie so sind? Natürlich wird das ein ewiges Geheimnis bleiben. Aber in unseren Witzen können wir so tun, als ob. Wobei uns natürlich besonders die Tiere interessieren, die mit der Jägerei zu tun haben. Dass dieses Kapitel direkt auf das Thema Alkohol folgt, kann purer Zufall sein. Oder auch nicht.

Angler – die etwas anderen Jäger

Eigentlich tun Angler und Jäger so ziemlich das Gleiche: stundenlang herumsitzen und warten, dass das Objekt der Begierde des Weges kommt. Diese lange Warterei mag auch

ein Grund dafür sein, dass genug Zeit bleibt, sich verrückte Geschichten auszudenken. Auf diese Weise entstanden Anglerlatein und Jägerlatein. Doch nun wollen wir die Angel auswerfen, um ein paar Anglerwitze zu fischen.

KAPITEL 15

Wild, wilder, Wilderer

Eigentlich dürfte man sie gar nicht erwähnen, denn sie sind die tiefschwarzen Schafe ihrer Zunft: die Wilderer. Im Grunde genommen sind sie nichts anderes als Räuber, und zum Glück sind ihre guten Zeiten, in denen manche von ihnen sogar zu Helden verklärt wurden, auch schon lange vorbei. Heute gilt Wilderei als „Straftat gegen das Vermögen und gegen Gemeinschaftswerte" und wird mit bis zu fünf Jahren Gefängnis bestraft. Ein paar gute Witze zum Thema gibt es trotzdem. Hier sind sie.

KAPITEL 16

Nach der Jagd

Wir nähern uns dem Ende. Ist das Wild erst einmal erlegt, gibt es viele Möglichkeiten, sich über das Abenteuer „Jagd" auszutauschen. Aber natürlich auch darüber, was mit der Jagdbeute alles anzustellen ist. Oder man kann sich ein paar grundsätzliche Gedanken über das Leben machen. Das wollen wir auf diesen Seiten tun.

KAPITEL 17

Jägersprache von A – Z

Für Außenstehende mag die Jägersprache ein Buch mit sieben Siegeln sein. Im Folgenden versuchen wir, einige der wichtigsten Begriffe kurz zu erklären. Schließlich soll dieses Buch nicht nur Unterhaltungs-, sondern auch Nutzwert für Sie haben.

VORWORT

Waidmannsheil, lieber Leser,
also eines gleich mal vorweg: Jäger sind alles andere als Witzfiguren. Vielmehr handelt es sich um Respektspersonen, und das nicht nur wegen ihrer Waffen. Von daher ist es reichlich unverschämt, welche Diffamierungen beispielsweise im Internet über diesen Personenkreis verbreitet werden. Da bekomme ich in etwa zu lesen:

„Wie wird im Duden der Jäger definiert?
Es handelt sich um einen grün gekleideten, schwerbewaffneten Alkoholiker, der durch den Wald auf kürzestem Weg in das nächste Gasthaus geht.“

Selbstverständlich habe ich sofort selbst im Duden nachgeschlagen – und nichts dergleichen. Vielmehr finde ich unter dem Begriff „Jägerei“ die Erklärung „fortwährendes Hetzen“. Ob damit das Hetzen gegen den Jägerstand an sich gemeint ist?

Nun, ohne Zweifel sind Jäger, Förster, Angler und artverwandte Personen gesellige und humorvolle Menschen, die mit Sicherheit herzhaft über sich selbst lachen können. Sonst hätten Sie dieses Buch ja nicht gekauft oder geschenkt bekommen. Zur Jagd gehört das anschließende fröhliche Beisamensein genauso dazu wie etwa zum Skifahren. Après Ski ist ein gängiger Begriff, après Jagd – naja, dafür gibt es den wohl kürzesten Jägerwitz: „Zwei Jäger gehen am Wirtshaus vorbei …“

Wenn sich Jäger zusammentun, um etwa einen Verein zu gründen, dann dient das aber nicht nur dem reinen Vergnügen, sondern natürlich auch dem Erfahrungsaustausch. Das Motto eines solchen Jagdvereins könnte in etwa lauten:

„Lernen Sie schießen und treffen Sie neue Freunde."

Nun, das kann man so und so sehen.

Dass man als Neuling nicht gleich das große Wort führen, sondern sich erstmal an-hören sollte, was die Erfahrenen so alles zum Besten geben, ist sowieso klar. Allerdings hat auch hier ein kluger Zeitgenosse zu bedenken gegeben: Es gibt Waidge-sellen, die halten das, was sie 30 Jahre lang falsch gemacht haben, für Erfahrung.

Und die, die schon lange dabei sind, kommen manchmal zu einer etwas traurigen Erkenntnis, wie mir kürzlich ein etwas ergrauter und an Jahren betagter Waidgeselle verriet: „Ich trete aus diesem Verein aus. Die Bedingungen fürdie Jahresschieß-nadel werden immer unrealistischer."

Ihm und Ihnen bleibt aber immer noch dieses Büchlein, das uns alle lehren sollte, das Leben im Allgemeinen und die Jagd im Besonderen nicht immer auf die schwere Schulter zu nehmen. Auf den folgenden Seiten finden Sie deswegen Stoff im Über-fluss, um Ihre Jagdtreffen künftig (noch) kurzweiliger zu gestalten. In diesem Sinne wünsche ich Ihnen so manchen Blattschuss und viel Vergnügen beim Schmökern.

Waidmannsdank!

Ihr Gerald Drews

KAPITEL 1

KAPITEL 1:

Vor der Praxis kommt die Theorie – erst lernen, dann jagen!

Wie bei allen anderen Dingen des Lebens gibt es auch bei der Jägerei ohne Fleiß keinen Preis. Sprich: Man muss die wesentlichen Dinge erstmal beigebracht bekommen. Dass dies nicht in jedem Fall ohne Komplikationen abläuft, zeigen die folgenden Beispiele.

Die Berufskleidung der Jäger ist eigentlich weiß, doch für jeden Fehlschuss bekommen sie einen grünen Punkt.

In der Jägerprüfung. „Nennen Sie mir den Unterschied zwischen Waldkauz und Uhu!"
„Uhu klebt besser."

Jägerprüfung. Die Frage lautet: „Der Förster läuft 12 Stunden-kilometer und sein Dackel 16 Stundenkilometer, die Entfernung beträgt 50 Meter. Wann überholt der Dackel sein Herrchen? Lösen Sie das Problem zeichnerisch."
Jungjäger: „Ich kann leider keinen Dackel zeichnen."

Am Anfang der theoretischen Jägerprüfung sagt der Prüfer: „Sie haben genau zwei Stunden Zeit. Danach werde ich keine weiteren Arbeiten mehr annehmen."
Nach zwei Stunden ruft der Prüfer: „Schluss jetzt, meine Damen und Herren!" Trotzdem schreibt ein Prüfling wie wild weiter. Eine halbe Stunde später, der Prüfer hat die eingesammelten Arbeiten vor sich liegen, will auch der besagte Nachzügler sein Heft noch

abgeben, aber der Prüfer lehnt ab. Bläst sich der Prüfling auf:
„Wissen Sie eigentlich, wen Sie vor sich haben?"
„Nein.", meint der Prüfer.
„Super!", sagt der Prüfling und schiebt seine Arbeit mitten in den
Stapel.

Im Unterricht für die angehenden Jungjäger:
„Herr Krause, warum hat das Geschoss der Büchse einen Drall?"
„Hmmm, das wird wohl so vorgeschrieben sein!"

Klaus fällt zum zweiten Mal durch die Jägerprüfung. Seine
Begründung klingt logisch: „Das konnte auch gar nicht gut gehen:
derselbe Raum, dieselben Prüfer und dieselben Fragen ..."

Schulze ist bei der Jägerprüfung durchgefallen. Tief traurig
beschwert er sich bei seinem Freund: „Kein Wunder, der Prüfer
konnte mich nicht leiden!"
Der beschwichtigt: „Ach, das bildest du dir doch bloß ein."
„Nein, nein, ist schon so", entgegnet Schulze, „du hättest mal
seinen Blick sehen sollen, als man ihn auf der Trage wegbrachte!"

Max ist ein angehender Jungjäger. Am Abend vor einer wichtigen
Prüfung büffelt er über seinen Aufgaben. Auf seinem Bleistift
kauend, fragt er schließlich seinen Vater, einen alten, erfahrenen
Jäger: „Du Vater, wie schreibt man eigentlich Gewehr - mit oder
ohne h?"
Der hat einen Tipp parat: „Schreib lieber Flinte, das schreibt man mit V."

Der junge Jäger kommt von seiner praktischen Jägerprüfung nach
Hause. Seine Mutter fragt voller Neugier: „Na, Kevin, hast du einen
stolzen Hirschen geschossen?"

Kevin antwortet: „Das wäre jetzt etwas zu viel gesagt. Aber zwei oder drei Kaninchen habe ich doch schon einen ordentlichen Schrecken eingejagt."

„Das ist schön, dass du jetzt Jagdhornblasen lernst. Übst du viel?"
„Oh ja, beinahe täglich."
„Und haben sich schon Erfolge eingestellt?"
„Auf jeden Fall! Die Leute über und unter uns sind bereits ausgezogen und die Nachbargrundstücke werden zum halben Preis angeboten!"

Prüfer: „Welche vier Worte werden in der Jägerprüfung am häufigsten gebraucht?"
Prüfling: „Das weiß ich nicht."
Prüfer: „Richtig!"

Jägerprüfung: „Sauter, Wer hat Ihnen da gerade einen Spickzettel rübergeschoben?", fragt der gestrenge Prüfer.
„Ich petze nie, Herr Müller!", erwidert der Ertappte, „und meinen Kollegen Scholz würde ich erst recht nicht verpfeifen!"

„Kennen wir uns nicht?", begrüßt der Jagdprüfer den nervösen Prüfling.
„Ja, vom letzten Jahr. Ich bin damals leider durchgefallen."
„Keine Sorge, dann wird's dieses Mal bestimmt klappen", sagt der Prüfer, klopft dem jungen Mann aufmunternd auf die Schultern und fragt: „Erinnern Sie sich noch an meine erste Frage damals?"
Antwortet der: „Die lautete: Kennen wir uns nicht …?"

Frage bei der Jägerprüfung: „Greifvogel mit sieben Buchstaben?"
Antwort: „Bardame."

Bei der Jägerprüfung:
„Ja, sind Sie denn wahnsinnig, auf Jogger zu schießen?"
„Jogger, wieso Jogger? Auf dem T-Shirt stand doch Reebok!"

Was ist der Unterschied zwischen einem Jäger und einem
Jagdhund? Ein Jagdhund braucht mehr Prüfungen!

KAPITEL 2:
Kimme, Korn, ran! Jetzt geht's los

Was für ein erhebender Moment, wenn der frischgebackene Waidmann zum ersten Mal dem Objekt seiner Begierde näherkommt. Bis er es erlegt hat, kann allerdings noch allerhand passieren ...

Ein Kunde fragt im Kaufhaus, wo die Jagdabteilung ist. „Gewehr und Munition finden Sie im Untergeschoss", lautet die Auskunft. „Anzug, Stiefel und Hüte befinden sich im zweiten Stock – Wild und Geflügel gibt es in der Lebensmittelabteilung."

Zwei Jäger auf der Fahrt zum Winteransitz unterhalten sich:
„Toll, so eine Thermosflasche. Im Winter hält sie den Tee warm und im Sommer das Bier kalt!"
„Ja", sagt der andere Jäger, „und, das Besondere ist, dass so eine Thermosflasche auch noch weiß, wann Sommer und Winter ist!"

„Glaub es mir: Hier ist der beste Platz des ganzen Reviers für den Bockansitz!"
„Wie kannst du das so sicher behaupten?"
„Zehntausend Mücken können sich nicht irren!"

Vorwendezeit. Ein hoher DDR-Funktionär wird von seinem sowjetischen Kollegen in die kaukasischen Wälder zur Bärenjagd eingeladen. Die beiden gehen allein los, haben sie doch auch ein

paar geheime Dinge zu besprechen. Alles in Ordnung. Nach fünf Kilometern – kein Bär. Nach zehn Kilometern – immer noch kein Bär. Endlich, nach weiteren Stunden richtet sich ein Ungetüm vor ihnen auf. Doch statt zu schießen, beginnt der Sowjetrusse davonzulaufen. Sein Partner tut es ihm instinktiv gleich. Der Bär folgt den beiden. Doch nach einiger Zeit denkt sich der Mann aus Ostdeutschland: Warum rennen wir denn eigentlich weg, anstatt zu schießen? Gesagt, getan: Er bleibt stehen und drückt ab. Der Bär fällt um.

Der Russe schlägt die Hände vors Gesicht und brüllt sein Gegenüber wenig brüderlich an: „Du Idiot – jetzt kannst du sehen, wie du den Bär die restlichen zehn Kilometer nach Hause bringst."

Zwei Jäger sitzen auf der Kanzel. Ein Rehbock kommt auf die Lichtung.

„Jetzt pass auf", sagt der eine Jäger, „der Bursche kann sein Testament machen!"

Der Schuss kracht und der Bock springt zurück in den Wald.

Meint der andere Jäger lakonisch: „Wahrscheinlich läuft er jetzt zum Notar."

Ein alter und ein junger Jäger gehen auf Hirschjagd. Nach stundenlangem Warten erscheint ein wunderschöner Hirsch auf der Lichtung. Der junge Jäger reißt das Gewehr hoch, aber der alte drückt es ihm wieder nach unten: „Nein, nicht auf den, der ist noch zu jung!"

Die beiden warten weiter, ein zweiter Hirsch kommt anstolziert, wieder will der junge Jäger anlegen, wieder weiß es der alte zu verhindern: „Nein, der ist zu alt!"

Einige Zeit später kommt ein fürchterlich zugerichteter Hirsch aus

dem Wald gehumpelt. Er hinkt jämmerlich, hat nur noch ein Auge, ein Ohr fehlt völlig, das andere ist verstümmelt, sein Fell weist mehrere Löcher auf und auch sein Geweih wirkt reichlich mitgenommen.

Der erfahrene Jäger klopft seinem Kollegen auf die Schulter und ermuntert ihn: „So, jetzt schieß! Auf den schießen wir auch immer …"

Zwei ostfriesische Jäger verirren sich nachts im Wald. „Gib doch einen Schuss ab", schlägt der eine vor. „Vielleicht findet man uns dann leichter."

Der zweite befolgt den Rat. Keine Reaktion.

„Probier's noch mal!", fordert ihn der erste auf. Wieder ein Schuss, wieder keine Reaktion.

„Noch einen Schuss!", drängt sein Freund.

„Tut mir leid", antwortet der Schütze, „das war mein letzter Pfeil."

Der Richter am Oberlandesgericht schießt auf der Fasanenjagd daneben und fragt seinen Jäger: „Habe ich ihn etwa verfehlt?"

Der antwortet: „Aber nein! Herr Richter, Sie haben lediglich entschieden, den Fasan vorerst zu begnadigen."

„Ich möchte mal etwas Außergewöhnliches unternehmen, etwas, was ich noch nie getan habe", seufzt der Hobbyjäger.

„Wie wär's", meint die Ehefrau, „wenn du mal von der Jagd einen kapitalen Bock mit nach Hause bringen würdest?"

KAPITEL 3:

Volltreffer!

Was kann es für einen Jäger Schöneres geben, als dass ihm das Jagdglück hold ist? Doch selbst die Augenblicke, in denen er sich am Ziel wähnt, sind nicht ganz frei von Tücke. Die folgenden Seiten dienen als Beweis.

Drei Jäger, einer davon ein Mitarbeiter des Verfassungsschutzes, gehen auf die Jagd. Der erste kommt nach kurzer Zeit zum Treffpunkt zurück: Auf dem Rücken trägt er eine große Wildsau. Kurz danach kommt der zweite und bringt auch reichlich Beute mit – einen gestandenen Hirsch. Nur der V-Mann lässt auf sich warten. Schließlich gehen ihn die beiden anderen suchen und finden ihn auf einer Lichtung wieder. Er hat einen Hasen an den Baum gefesselt, prügelt auf ihn ein und schreit: „Gib zu, dass du ein Wildschwein bist – wir wissen alles!"

Zwei Jäger auf dem Hochsitz. Es raschelt im Gebüsch, sofort schießt der eine mehrere Salven hinein. Er klettert runter - und zieht eine männliche Leiche hervor! Er untersucht den Toten und findet in dessen Brieftasche 50.000 Euro.
Darauf der andere: „He, wenn wir teilen, verrate ich dich nicht!"
Der erste bleibt cool: „Schieß dir doch selbst einen!"

Schlottke kommt spät nachts von einem Jagdausflug nach Hause. Als ihm seine Frau die Haustür öffnet, hält er ihr stolz einen prächtigen Hasen entgegen.

„Schau mal, mein Schatz, was ich einen Prachtkerl erlegt habe", brüstet er sich.

Seine bessere Hälfte wirft einen kurzen Blick auf die Beute und meint dann mit einem ironischen Lächeln: „Prima, meine Lieber! Ein echter Blattschuss. Mitten durchs Preisschild."

Ein Schweizer und ein Österreicher sind auf dem Bodensee auf Entenjagd. Als eine Ente angeflogen kommt, schießen beide gleichzeitig, die Ente fällt mitten in den See. Sie streiten sich um den Besitz.

Der Österreicher: „Die gehört mir, weil das Hinterteil in Österreich liegt."

Der Schweizer: „Völlig falsch: Der Schnabel befindet sich in der Schweiz und darum gehört sie mir."

Weil sie sich nicht einigen können, schlägt der Schweizer vor, dass sich die beiden so lange gegenseitig ins Gemächt treten, bis einer schreit. Wer am längsten durchhält, soll die Ente bekommen. Der Österreicher erklärt sich einverstanden, dass der Schweizer beginnt. Der holt mit seinen schweren Bergschuhen aus, voll in die Kronjuwelen des Österreichers. Der bleibt mit schmerzverzerrtem Gesicht 20 Minuten liegen, ohne jedoch einen Laut von sich zu geben. Dann erhebt er sich mühsam und presst kaum vernehmlich hervor: „So jetzt bin ich dran."

Daraufhin klopft ihm der Schweizer auf die Schulter und sagt: „Lass gut sein, ich schenk dir die Ente."

Drei Jäger wetten darum, wem die größte Beute gelingt. Sie vereinbaren, sich nach zwei Stunden wieder am Jagdhaus zu

treffen. Dann machen sie sich auf den Weg. Die beiden Stunden vergehen und zwei der drei finden sich zur vereinbarten Zeit wieder ein. Der erste kommt mit zwei imposanten Wildschweinen an.

„Das war eigentlich ziemlich einfach!", berichtet er. „Da war ein Loch, ich hab zweimal reingegrunzt, es hat zweimal rausgegrunzt, dann kamen die beiden Schweine aus dem Loch und ich konnte sie ganz leicht erlegen."

Der zweite bringt gleich eine ganze Bärenfamilie angeschleppt und erzählt bescheiden. „So richtig schwer war meine Jagd eigentlich auch nicht. Ich stand vor einem ziemlich großen Loch, hab dreimal reingebrummt, da hat's dreimal rausgebrummt, dann kamen die Bären rausgerannt und ich hab sie erlegt."

Nur der dritte Jäger lässt auf sich warten. Es dauert eine Stunde, es dauert zwei Stunden. Als die beiden anderen sich schon auf den Heimweg machen wollen, kommt ihr Freund schließlich daher. Reichlich mitgenommen sieht er aus. Einen Arm eingebunden, auf einen Stock gestützt und den Wams voller Blut.

Bestürzt fragen die beiden anderen: „Was ist denn mit dir passiert?"

„Naja", stöhnt er: „Da war ein riesiges Loch, ich hab dreimal reingepfiffen, da hat's dreimal rausgepfiffen und plötzlich war der Intercity da."

Zwei Jäger haben eine Wildsau erlegt und ziehen sie an den Hinterläufen zum Auto. Als sie noch fünfzig Meter von ihrem Wagen weg sind, sagt ihnen ein Spaziergänger, dass es leichter gehen würde, wenn sie an den vorderen Läufen ziehen. Sie probieren es aus. „Wow", freut sich der erste Jäger, „das geht ja tatsächlich viel einfacher!"

„Stimmt", meint darauf der zweite, „aber unser Auto kommt immer weiter weg ..."

Im Dorf hält ein junger Landarzt Einzug. Nach einiger Zeit geht er mit den Alteingesessenen auf Jagd. Eines Tages trifft der alte Landarzt den Vorsitzenden des Jagdvereins und fragt ihn nach seinem jungen Kollegen.

„Na, wie macht sich denn mein Nachfolger so als Jäger?"

„Nun, das Pulver, mit dem er schießt, ist längst nicht so gefährlich wie das, das er verschreibt."

Sie sitzen im Ruderboot auf der Entenjagd. Es ist klamm und nass, der Herbstwind pfeift über den See. Es wird bereits finster und Nebel ziehen auf. Da brummt einer der beiden:

„Mensch, Paul, sag mir bitte noch einmal, wie viel Spaß uns das macht. Ich vergesse es leider immer wieder."

Warum sitzen glatzköpfige Jäger mit offenem Hosenladen auf dem Hochsitz?

Damit sie sich nach einem Fehlschuss die Haare raufen können.

Zwei Großwildjäger fahren mit ihrem Jeep durch die Wüste. An einer Oase halten sie an, um sich zu erleichtern. Da schießt eine Schlange hervor und beißt einen der beiden in den Hintern. Kreidebleich sinkt dieser in den Sand, der andere holt rasch sein Handy und wählt den Notruf. Schließlich wird er mit einem Arzt verbunden.

Arzt: „Welche Farbe hatte die Schlange?"

„Grün mit roten Punkten."

„Die Schlange ist außerordentlich giftig!"

„Oh Gott! Wie kann ich meinem Freund helfen?"

„Öffnen Sie die Wunde ein wenig mit einem Messer."

„Hab ich. Und jetzt?"

„Jetzt müssen Sie die Bissstelle aussaugen, sonst stirbt

Ihr Freund!"

Fragt der Gebissene stöhnend: „Was sagt der Arzt?"
Nimmt der andere mitfühlend seine Hand und antwortet: „Es tut
mir sehr leid. Der Arzt sagt, du musst sterben!"

Richter zum wegen häuslicher Gewalt angeklagten Förster: „Sie
beleidigen die Würde des Hohen Gerichts! Wieso erscheinen Sie
in Rock und Bluse?"
Antwort des Angeklagten: „In der Vorladung stand
doch: Verhandlung in Sachen Ihrer Frau!"

Treffen sich zwei Jäger.
„Wie war's denn gestern auf der Jagd?"
„Blattschuss."
„Blatt von der Sau oder vom Hirsch?"
„Blatt vom Baum."

Dem General werden die neuen Rekruten vorgestellt. „Das ist
Kanonier Lechner", sagt der Hauptmann. „Er ist von Beruf Treiber,
wurde bei mancher Treibjagd angeschossen, und will trotzdem
seinen Dienst für das Vaterland leisten."
„Gut so, mein Sohn", sagt der General, „aber stört Sie das viele
Blei im Körper nicht?"
Zackig erwidert Kanonier Lechner: „Nein, Herr General, im Prinzip
nicht. Nur schwimmen kann ich leider nicht mehr."

KAPITEL 4:

Jägerlatein und andere Skurrilitäten

Wenn Jäger von ihren Erfolgen erzählen, dann können die gar nicht groß genug sein. Der Volksmund hat für diese teilweise lachhaften Übertreibungen den schönen Begriff Jägerlatein kreiert. Und dass sich darüber herrliche Witze machen lassen, beweisen wir auf den folgenden Seiten.

Ein Angeber kehrt von seinem Afrikaurlaub zurück. Natürlich kann er es nicht lassen, danach am Stammtisch wieder jede Menge Jägerlatein abzusondern. „Also mache ich mich eines Morgens ganz allein auf die Pirsch. Und wie ich da so mitten in der Wüste stehe, faucht es plötzlich hinter mir. Ich drehe mich um und sehe einen Löwen! Ich also nix wie rauf auf den nächsten Baum."
Einem Stammtischbruder wird das Ganze zu dumm: „Jetzt hör mal auf! In der Wüste gibt es doch keine Bäume!"
„Du kannst mir glauben: Das war mir in dem Augenblick ganz egal!"

Zwei Großwildjäger treffen sich kurz vor dem Heimflug in der Wartehalle eines afrikanischen Flughafens.
„Was machst du denn hier?"
„Ich war auf Großwildjagd. Zwei Wochen lang."
„Und was war dein Ziel?"
„Löwen."
„Und? Wie viele hast du geschossen?"
„Keinen."
„Das ist aber nicht viel für zwei Wochen."
„Hast du eine Ahnung! Bei Löwen ist das eine ganze Menge."

Ein Jäger fährt vom Ansitz nach Hause. Plötzlich steht ein blaues Männchen auf der Straße und winkt ganz aufgeregt. Der Jäger hält an und fragt, was denn los sei.

„Ich bin ein hässlicher blauer Zwerg und habe Hunger." Der Jäger gibt ihm den Rest von seiner Brotzeit und fährt weiter. Plötzlich steht ein lila Männchen auf der Straße und winkt. Der Jäger hält an und fragt erneut, was denn los sei.

„Ich bin ein hässlicher lila Zwerg und habe Durst."
Der Jäger hat noch eine halbvolle Weinflasche im Rucksack (was zugegeben ziemlich unrealistisch ist) und gibt sie dem Zwerg. Der bedankt sich und der Jäger fährt weiter.

Plötzlich steht ein grünes Männchen auf der Straße und winkt. Der Jäger hält an und fragt: „Na du grüner hässlicher Zwerg, was willst du denn?"

„Polizei, Fahrzeugkontrolle, die Papiere bitte!!"

Angeblich wurde in der tiefsten Provinz ein Ufo gesichtet, doch von den Außerirdischen ist nichts zu sehen. Daher wird über die Medien die Bevölkerung auf alle Eventualitäten vorbereitet. Man solle sich den Außerirdischen ganz vorsichtig nähern und sie auf gar keinen Fall erschrecken.

Am selben Tag mäht ein Bauer seine Wiese und sieht ein kleines grünes Männchen am Waldrand sitzen. Er steigt von seinem Traktor ab, geht langsam auf das Männlein zu und spricht es an: „Ich Bauer – muss mal meine Wiese mähen."

Das Männlein antwortet nicht, darum wiederholt der Erdling langsam und bedächtig: „Ich Bauer – muss mal meine Wiese mähen."

Wieder erfolgt keine Reaktion, also wiederholt der Bauer ein drittes Mal geduldig: „Ich Bauer – muss mal meine Wiese mähen."

Endlich hebt das kleine grüne Männlein den Kopf, sieht den

Bauern mit großen Augen an und beginnt nach einem kurzen Grunzen zu sprechen: „Ich Jäger – muss mal mein großes Geschäft machen. Und jetzt hau ab."

Frage bei der Führerscheinprüfung: Wer fährt an einer ungeregelten Kreuzung zuerst?
1. Christkind
2. Osterhase
3. guter Jäger
4. schlechter Jäger
Antwort: Der schlechte Jäger
Begründung: Alle anderen gibt es in Wahrheit nicht.

Ein 49 Jahre alter Jagdgehilfe segnet das Zeitliche und kommt vor das Himmelstor, wo ihn Petrus empfängt. „Warum habt ihr mich denn so früh sterben lassen?", jammert der Mann.
„Moment mal", sagt Petrus und blättert in seinem großen Himmelbuch. „Wir haben dich nicht zu jung sterben lassen. Den Stunden nach, die du deinem Jagdherrn aufgeschrieben hast, bist du 92 Jahre, 4 Monate und 3 Tage alt geworden."

Beim Jägerstammtisch wird wieder einmal gelogen, dass sich die Balken biegen. Einer der größten Aufschneider ist der neureiche Immobilienmakler Moser. „Also, ich habe jetzt ein neues Jagdrevier. Um von einem Ende zum anderen zu kommen, brauche ich fast einen ganzen Tag."
Nickt sein Sitznachbar: „Ja, das kenne ich. So ein Auto hatte ich auch schon mal."

In alter Zeit haben Jäger am Hubertustag als Buße und zur Förderung ihres Schuldbewusstseins Erbsen in die Schuhe getan, um damit ihr Revier zu begehen. Zwei Freunde sind nun ebenfalls in der Pflicht, dem Heiligen Hubertus dieses Opfer zu bringen. Auf halbem Weg beginnt der eine über Blasen und blutende Füße zu jammern, während der andere frisch und fit ist und nicht die geringsten Ermüdungserscheinungen zeigt.

„Drücken dich die Erbsen denn gar nicht?", stöhnt der eine.

„Nein, wieso?", fragt der andere.

„Mann, wie machst du das nur?"

„Ganz einfach: Ich habe sie vorher gekocht."

Voller Stolz zeigt der Waidmann seiner Besucherin die Jagdtrophäen in seinem Haus. Die Dame gibt sich einigermaßen interessiert. Neugierig deutet sie auf ein eigenartiges Exemplar, das ihr Gastgeber mit folgenden Worten erläutert: „Den da, den Hasenkopf mit dem Gehörn meinen Sie? Ja, das ist ein Hasenbock, meine Werteste."

„Ein Hasenbock? Eine Paarung aus Häsin und Rehbock? Sie wollen mich wohl auf den Arm nehmen! Wie soll das denn anatomisch gehen?"

„Kein Problem! Allerdings musste ich für die Häsin eine Leiter aufstellen."

Ein Jäger am Bankschalter: „Sie haben sich gestern bei der Auszahlung um 5000 Euro geirrt."

„Das kann ja jeder behaupten", antwortet freundlich der Bankangestellte. „Sie hätten das sofort beanstanden müssen. Jetzt ist es zu spät!"

„Na gut, dann behalte ich das Geld eben …"

„Du warst in Ostafrika, Harry? Wie war es denn?"
„Ich habe einen Elefanten geschossen!"
„Was? Du wolltest doch Enten jagen?"
„Ja, aber auf dem Hinflug ist mir meine Brille kaputt gegangen."

Zwei Jäger treffen sich beim Stammtisch. Sagt der eine: „Wieso
bist du denn heute mit einem Damenfahrrad da?"
Darauf der andere: „Die Geschichte wirst du mir nicht glauben: Als
ich gestern im Wald unterwegs war, fährt ein hübsches Mädchen
mit diesem Fahrrad vorbei. Als sie mich sieht, springt sie vom Rad,
reißt sich die Kleider vom Leib und ruft: ‚Nimm dir, was du willst!'"
Da nickt der erste Jäger zustimmend: „Alles richtig gemacht.
Die Kleider hätten dir vermutlich sowieso nicht gepasst!"

Einem Jäger begegnen im Wald drei Waschmaschinen. Er legt an
schießt auf die erste, die sofort kaputtgeht. Ein zweiter Schuss,
und auch die nächste geht zu Bruch. Nun zielt er auf die dritte,
doch die Kugel prallt einfach ab. Er probiert es noch ein paar Mal,
aber alles ist vergebens. Verzweifelt setzt sich der Jäger auf einen
Baumstumpf, als über ihm eine Stimme ertönt:
„Waschmaschinen leben länger mit Calgon!"

Zwei Freunde sind auf Safari. In der Ferne taucht ein Löwe auf.
Einer der beiden klettert sofort auf einen Baum, der andere schafft
es nicht mehr rechtzeitig, hebt zitternd sein Gewehr, schießt –
vorbei! Auf seinem Ast sitzend, ruft sein Freund: „Du, das ist nicht
so schlimm, wenn du den nicht erwischt hast. Von weiter hinten
kommen noch ein paar mehr."

Ein Internist, ein Chirurg und ein Pathologe gehen auf die Entenjagd. Kommen zwei Enten angeflogen. Sagt der Internist: „Also, meine Herren Kollegen, wenn Sie keine Einwände haben, werde ich jetzt auf die – von mir aus gesehen – linke Ente, das heißt – von der Ente aus gesehen – natürlich auf die rechte Ente, einen Schuss abgeben. Halt, jetzt sind die Enten über uns hinweg geflogen, dann muss ich den Schuss selbstverständlich auf die – von mir aus gesehen – rechte Ente abgeben, das heißt nunmehr auch, auf die von der Ente aus gesehen rechte Ente. Ist das für Sie in Ordnung, meine Herren Kollegen? Dann feuere ich den Schuss also jetzt ab."

Wenig später kommen zwei weitere Enten angeflogen. Sagt der Chirurg: „Gehen Sie zur Seite, meine Herren!" Er schießt, lädt nach, schießt ...

Schließlich wendet er sich zum Pathologen und sagt: „Und Sie gehen jetzt bitte dort nach hinten und schauen nach, ob auch eine Ente dabei ist, bei all dem, was ich erwischt habe!"

Ein Förster, ein Maurer und ein Finanzbeamter treffen sich im Wald zur Schildkrötenjagd. Abends sehen sie sich wieder, um den Fang zu vergleichen.

Förster: „Also, ich habe fünf gefangen."

Maurer: „Ha, ich habe sogar zehn gefangen."

Der Finanzbeamte sagt nichts. Daraufhin fragen ihn die anderen: „Und? Was hast du gefangen?"

Da meint der Gefragte:

„Gar nichts. Kurz bevor ich eine hatte, machte es husch, und weg war sie."

Ein Angler, ein Jäger und ein Politiker sterben. Petrus empfängt
sie am Himmelstor und sagt zu ihnen: „Der Weg in den Himmel ist
weit für euch Sünder. Auf dem Weg in den Himmel kommt ihr
durch einen Sumpf. Und je nachdem, wie viel ihr in eurem Leben
gelogen habt, umso tiefer werdet ihr darin einsinken."
Der Angler sinkt bis zum Hals ein. Neben ihm sackt der Jäcker ab.
Doch dem reicht der Sumpf nur bis zum Knie. Der Angler wundert
sich: „Das verstehe ich nicht, du hast doch sicher genauso viel
gelogen wie ich. Anglerlatein und Jägerlatein sind doch nahezu
gleich ..."
„Sicher" sagt der Jäger, „aber ich stehe auf den Schultern
des Politikers."

Zwei Anwälte gehen auf Löwenjagd. Erschöpft von der
vergeblichen Pirsch lehnen sie ihre Gewehre an einen Baum, um
sich am nahen Bach zu erfrischen. Kaum haben sie das Bachufer
erreicht, taucht ein gewaltiger Löwe auf und schneidet ihnen den
Rückweg zu ihren Waffen ab. Sofort fängt einer der beiden an,
seine Stiefel auszuziehen. Erstaunt fragt der andere: „Glaubst du
etwa, du kannst einem Löwen davonlaufen?"
„Nein, nicht unbedingt. Ich muss nur schneller laufen als du."

Die Jäger übertrumpfen sich wieder gegenseitig mit ihren
Geschichten.
Erzählt der Oberförster:
„Ich war einem herrlichen Sechszehnender auf der Spur und habe
nicht auf die Zeit geachtet. Bald brach die Nacht herein, und ich
fand den Rückweg nicht mehr. Vor mir ein Sumpf und langsam
begann ich, zu versinken. Ich sank immer tiefer und tiefer ..."
Unterbricht ihn ein anderer Jäger gespannt:

„Und weiter? Wer fand Sie schließlich?"
„Keiner. Ich versank immer weiter im Sumpf und erstickte zum
Schluss!"

Ein Globetrotter erzählt:
„Ich bin wohlbehalten wieder zurück von meiner Indienreise.
Das schönste war eine Tigerjagd!"
„Haben Sie denn Glück gehabt?"
„Ja, es ist mir Gott sei Dank keiner begegnet!"

Zwei Jagdfreunde machen Urlaub in Kanada, um Elche zu jagen. Sie lassen sich
mit einem kleinen Flugzeug in der Wildnis absetzen. Dabei sagt ihnen der Pilot,
dass sie nur einen Elch schießen dürften, da das Flugzeug sonst zu schwer wäre
und aufgrund der kurzen Startbahn nicht mehr starten könne. Am nächsten Tag
kommt er sie wieder abholen und natürlich haben die beiden Ehrgeizlinge zwei
Elche geschossen.
Auf den Hinweis, dass er ihnen gesagt habe, es würde zu schwer, entgegnen die
beiden: „Wir waren letztes Jahr auch hier und letztes Jahr hat der Pilot uns
ebenfalls gesagt, dass wir nur einen Elch mitnehmen könnten. Aber gegen
eine zusätzliche Zahlung war er dann doch bereit, beide Elche mitzunehmen."
Da überlegt der Pilot, dass er das Geld gut gebrauchen könne und wenn der
Pilot letztes Jahr das geschafft habe, dann schafft er es auch. So nehmen sie
also beide Elche mit an Bord. Der Pilot startet. Das Flugzeug beschleunigt
auf die immer näher kommenden Bäume zu, macht aber noch keine Anstalten
abzuheben. Im letzten Moment schaffen sie es doch noch, knapp über die
Baumwipfel hinwegzukommen. Doch dann kommen höhere Bäume und der
Flieger stürzt ab.
Die drei krabbeln leicht verletzt aus dem Wrack und der eine der beiden Freunde
fragt: „Wo sind wir?"
Darauf der zweite: „Etwa zehn Meter weiter als letztes Jahr."

KAPITEL 5:

Der Hund – der beste Freund des Jägers

Klar, wir wissen schon: Eigentlich ist der Hund der beste Freund des Menschen überhaupt. Aber das Verhältnis zwischen diesem Vierbeiner und seinem zweibeinigem Jagdgefährten hat schon noch einmal eine ganz besondere Qualität. Über die darf man durchaus auch mal lachen.

Bauer Schmitz beschwert sich beim Förster: „Ihr Hund jagt ständig hinter meiner Tochter auf dem Fahrrad her. Sorgen Sie bitte dafür, dass er das nicht mehr macht!"
„Das kann aber gar nicht mein Hund sein."
„Und wieso nicht?"
„Mein Hund hat kein Fahrrad!"

Ein Förster erzählt seinem Freund:
„Zu Beginn unserer Ehe begrüßte mich abends der Hund mit lautem Gebell und meine Frau brachte mir die Hausschlappen."
„Und jetzt?" fragt ihn der Freund.
„Jetzt ist es genau umgekehrt."

Zwei Jäger sitzen auf ihrem Hochsitz, unweit eines idyllischen Badesees. Der Hund des einen hat bei der vorhergehenden Jagd wieder einmal ziemlich versagt und wird deswegen jetzt von seinem Herrn kräftig getadelt. Eingeschüchtert zieht er seine Rute ein und verschwindet im Wald. Nach kurzer Zeit kommt er jedoch wieder fröhlich angerannt, mit den Slips von zwei jungen Mädchen im Maul, die gut sichtbar im See baden.
Meint der Hundebesitzer zu seinem Kollegen: „Zum Jagen ist er

ziemlich unbrauchbar und frag mich nicht, wie oft ich diesen Köter schon verflucht habe. Aber er weiß genau, wie er mich immer wieder rumkriegt!"

Zwei Jäger brechen in aller Herrgottsfrühe mit ihren Hunden zur Entenjagd auf. Spät am Abend kommen sie ohne die geringste Beute wieder heim.
Fragt der eine: „Was haben wir denn bloß falsch gemacht?"
Antwortet der andere: „Keine Ahnung, vielleicht haben wir die Hunde nicht hoch genug geworfen ..."

Am Stammtisch in der Jägerrunde:
Meint einer: „Es gibt Hunde, die bedeutend klüger sind als ihre Herren."
„Ja", nickt einer der Jüngeren nachdenklich, „das trifft genau auf meinen zu."

Aufgeregt fragt eine Spaziergängerin den Förster, der gerade des Weges kommt: „Haben Sie meinen Hund gesehen?"
„So einen mittelgroßen, weißen?"
„Ja!"
„Mit schwarzen Pfoten?"
„Ja, genau!"
„Und mit einem hellen Fleck auf der Nase?"
„Ja, genau der!"
„Tut mir leid, hab ich nicht gesehen."

Max ist im Jagdhaus eingeladen. Wütend springt der Dackel an ihm hoch, als er gerade zu essen beginnt.
„Was hat der Hund denn nur, vorher war er doch noch ganz brav?", wundert sich Max.

„Ach", sagt des Försters Töchterchen, „das ist er eigentlich meistens.
Aber er ärgert sich halt, weil Sie von seinem Teller essen."

> Läuft sein Jagdhund mehr als hundert,
> ist der Jäger sehr verwundert.

Der Revierförster fühlt sich zu Höherem berufen. Also beginnt er,
Romane zu schreiben. Eines Tages trifft er auf der Straße einen
Freund, der ihn neugierig fragt: „Na, mein Bester! Wie geht es dir?
Was hast du denn verkauft, seit du unter die Schriftsteller gegangen bist?"
„Mein Gewehr und meinen Hund."

> Der Tierarzt wird ins Jagdhaus gerufen und untersucht die Hündin.
> „Trächtig" stellt der Arzt fest.
> „Unmöglich", protestiert die Frau des Försters.
> „Ich halte sie stets an der Leine, wenn ich ausgehe."
> Da kriecht ein Rüde unter dem Sofa hervor.
> „Und der hier?", fragt der Tierarzt.
> Die Frau schüttelt empört den Kopf. „Also bitte! Das ist doch ihr Bruder!"

Treffen sich zwei Jäger. Berichtet der eine:
„Du, ich habe einen ziemlich seltsamen Hund. Immer wenn ich
daneben schieße, wirft er sich auf den Rücken, zappelt mit den
Beinen und jault wie verrückt."
„Und wie reagiert er, wenn du triffst?"
„Keine Ahnung, ich habe ihn erst seit zwei Jahren ..."

> Zwei Jäger auf der Pirsch.
> „Mein Lupo ist ein ziemlich kluger Hund."
> „Das glaube ich dir aufs Wort. Jedes Mal, wenn du anlegst,
> geht er in Deckung."

„Mein Waldi ist ein ziemlich cleverer Hund!", brüstet sich der Jungjäger beim Stammtisch. „Vor kurzem hab' ich ihm mit Wasser verdünnte Milch hingestellt. Und was glaubt ihr, was der Teufelskerl macht? Schlabbert die Milch heraus und lässt das Wasser übrig."

„Neulich waren Füchse bei mir im Hühnerstall und haben alle Hühner geraubt!"
„Aber du hast doch diesen riesigen Dobermann?"
„Ja, das wundert mich auch. Den müssen sie irgendwie übersehen haben."

Ein Wachhund zum andern: „Hörst du denn nichts?"
„Doch, schon."
„Und warum bellst du dann nicht?"
„Weil ich dann nichts mehr höre!"

Warum ist der Hase meist schneller als der Hund?
Der Hase ist selbstständig.
Der Hund ist angestellt.

Ein Jäger geht mit seinem Hund zur Jagd auf Enten. Er schießt eine Ente, sie fällt mitten in den Teich. Wofür, denkt der Jäger, habe ich meinen Hund? Er schickt ihn zum Apportieren. Dieser rennt los, doch – oh Wunder – er schwimmt nicht, sondern geht wie dereinst Jesus übers Wasser, holt die Ente, und kommt zurück, ohne auch nur nasse Krallen zu bekommen.
Der Jäger traut seinen Augen nicht. Er schießt die nächste Ente, und wieder dasselbe: Der Hund kann übers Wasser gehen! Der Jäger ist total verwundert und beschließt, am nächsten Abend seinen Freund mitzunehmen, um ihm die Fähigkeiten des Hundes zu demonstrieren.

Gesagt, getan, am nächsten Abend ziehen beide los, der Jäger schießt eine Ente, der Hund geht übers Wasser und holt sie. Das Ganze wiederholt sich ein paarmal, doch der Freund des Jägers sagt kein Wort.

Als es dunkel geworden ist und sie nach Hause gehen, fragt der Jäger seinen Freund: „Sag mal, ist dir an meinem Hund denn gar nichts aufgefallen?"

„Doch", antwortet der Freund, „er kann nicht schwimmen."

Drei Jäger sitzen im Wirtshaus und prahlen. Der erste: „Ich habe mal einen Hirsch geschossen, der so schwer war, dass ich ihn mit einem Traktor wegschaffen musste."

Der zweite winkt ab: „Das ist noch gar nichts! Ich habe mal einen Silberreiher erschossen. Als der herunterfiel, stiegen 80 Leute aus!"

Der dritte rümpft nur herablassend die Nase: „Ich hatte mal einen Dackel. Eines Tages ging ich mit ihm auf die Jagd, plötzlich kommt ein Adler daher, greift sich den Hund und fliegt mit ihm davon. Ich reiße die Büchse hoch und schieße den Adler runter. Aber mein Hund flog weiter. Und wisst ihr, warum? Er war taub und hat einfach den Schuss nicht gehört."

Ein Jäger mit seinem Hund betritt das Dorfgasthaus. Er bestellt zwei Bier, eines für sich, eines für den Hund. Eine Urlauberin, die allein am Nachbartisch sitzt, wundert sich, aber der Jäger sagt: „Mein Hund kann noch viel mehr!" Er bestellt zwei Zigarren, eine für sich, eine für den Hund. Beide paffen vergnügt vor sich her.

„Was kann der Hund denn noch alles?", fragt die Frau neugierig.

„Na ja, er ist ein großer Frauenversteher." Die Frau lacht ungläubig. Darauf der Jäger: „Wenn Sie es nicht glauben wollen, lassen Sie es uns doch ausprobieren. Sie haben doch hier ein Zimmer?" Frau und Hund gehen nach oben, die Frau legt sich aufs Bett,

aber der Hund jault nur erbärmlich. Schließlich folgt der Jäger den beiden und droht dem Tier mit dem Zeigefinger: „Also einmal zeige ich es dir noch, wie es geht. Aber beim nächsten Mal gibt es Ärger."

Ein älteres Ehepaar geht mit seinem Hund am Waldrand spazieren, allerdings vergessen sie, dass Tier anzuleinen.
Plötzlich springt der Förster aus dem Gebüsch, wirft einen kurzen Blick auf den Hund und erschießt ihn.
Die beiden Alten sind völlig verstört und die Frau jammert den Förster an, dass er ihren Waldi doch nicht gleich hätte erschießen müssen, nur weil er nicht angeleint war.
Der Förster antwortet: „Das ist nicht das Thema. Ich musste so handeln. Ihr Hund hatte die Räude. Die ist ansteckend!"
Der Ehemann: „Wie konnten Sie denn in dieser kurzen Zeit erkennen, dass unser Hund die Räude hatte?"
Der Förster erklärt es ihnen: „Werfen Sie einmal einen Blick auf den untersetzten Bauch, schauen Sie sich die tiefen Tränensäcke an und die Hängeohren. Und da! Der fast schon festgewachsene Schleim um die Nase und die hängende Rute. Das sind klare Anzeichen für die Räude, da blieb mir gar nichts anderes übrig!"
Daraufhin nimmt die Frau ihren Mann an die Hand und flüstert ihm ins Ohr: „Josef, lass uns schnell verschwinden, sonst erschießt er dich auch noch!"

Bei einer Treibjagd fällt einem Gast auf, dass ein besonders emsiger Jagdhund die Beute in einem Einkaufskorb apportiert.
Darauf angesprochen, antwortet sein Herr: „Ja, das habe ich ihm vor einiger Zeit unter großen Mühen beigebracht. Ich habe gemerkt, dass ihm die Haare im Maul immer ziemlich lästig waren."

KAPITEL 6:

Jägeralltag

*Jäger und Förster sind Menschen wie wir alle. Deswegen
passieren ihnen auch alltägliche Dinge. Naja, zumindest ziemlich
alltägliche. Aber lesen Sie selbst!*

Es ist Mitternacht in einer Kleinstadt. Lautes Klopfen an der
Haustür weckt den Landarzt. Schlaftrunken fragt er: „Was gibt's?"
„Was verlangen Sie für einen Krankenbesuch im Försterhaus,
ungefähr sieben Kilometer von hier?", fragt ein unbekannter Mann.
„20 Euro."
„Okay, dann kommen Sie schnell."
Der Arzt zieht sich an, greift seine Tasche, holt das Auto aus der
Garage und lässt sich von seinem nächtlichen Besucher zu dem
abgelegenen Haus lotsen.
„Hier sind die 20 Euro."
„Und wo ist der Kranke?"
„Ehrlich gesagt: Es gibt keinen. Aber ich konnte beim besten
Willen um diese Zeit kein Taxi auftreiben." Sagt der Förster und
verschwindet im Haus.

Treffen sich zwei Jagdfreunde:
„Warum gehst du denn auf Krücken?"
„Ich bin auf der Leiter vom Hochsitz ausgerutscht!"
„Ja, kannst du denn gar nicht ohne Krücken gehen?"
„Das kommt darauf an: Mein Arzt sagt ja, mein Rechtsanwalt
nein!"

Zwei Freunde auf der Jagd. Der eine legt an und jubelt: „Getroffen! Hast du gesehen, wie sich der Hase überschlagen hat?"
„Klar", nickt der andere. „Vor Freude!"

Der dicke Jagdaufseher muss eine Abmagerungskur machen.
Nach vier Wochen fragt ihn der Arzt: „Bemerken Sie schon einen Verlust?"
„Ja", knurrt der Mann, „meine gute Laune ist völlig weg!"

„Warum rennst du denn so?", wird der vorbeilaufende Förster von einem Nachbarn gefragt.
„Ich kann nicht anders. Ich komme vom Arzt und habe vorne ein Zugpflaster und hinten einen Druckverband!"

„Ist da das Forstamt, Vorzimmer Direktor Meyer?"
„Nein, hier spricht Frau Brunner."
„Und warum heben Sie dann ab?!"

Der Förster kommt zu seinem Stammtisch und erzählt seinen Freunden: „Gestern bin ich mit dem Unimog ins Radar gefahren."
„Und? Hat's geblitzt", fragt einer aus der Runde.
Antwort: „Nein, gekracht."

Ein Bauer ist dabei, mit seinem Pferd den Acker zu bestellen.
Plötzlich fällt ein Schuss und das Pferd fällt tot um. Blitzschnell geht der Bauer hinter dem Kadaver in Deckung. Da hört er vom Waldrand eine Stimme: „Sollen wir auch auf das Kleine schießen?"

Ein Förster hat drei Söhne im Alter von 20, 16 und 10 Jahren.
Fragt der älteste Sohn: „Du, lieber Vater, bekomme ich ein Auto?"
Darauf erwidert der Förster: „Nein, mein Sohn, dafür haben wir

leider kein Geld."

Fragt der zweitälteste Sohn: „Du, lieber Vater, bekomme ich ein Moped?"

Wieder lautet die Antwort: „Nein, mein Sohn, dafür haben wir kein Geld."

Schließlich fragt der jüngste Sohn: „Du, Papa, bekomme ich ein Fahrrad?"

Und erneut heißt es: „Nein, mein Sohn, dafür haben wir kein Geld."

Missmutig schlendert der jüngste Sohn wenig später übers Grundstück und sieht, wie der Hahn auf der Henne sitzt. Voll Wut gibt er ihm einen Fußtritt und brüllt ihn an: „Solange wir nicht fahren dürfen, gehst auch du zu Fuß."

Ein Verkäufer hat dem jungen Revierförster eine hochmoderne Motorsäge aufgeschwatzt. Doch schon am nächsten Tag kreuzt der wütend mit der Säge bei ihm auf.

„Das Ding taugt überhaupt nichts, an einem ganzen Tag habe ich damit nicht einmal fünf Bäume geschafft. Außerdem ist es viel zu schwer."

„Das verstehe ich aber nicht. Das sollten Sie eigentlich in einer halben Stunde schaffen." Kopfschüttelnd nimmt der Vertreter die Säge zur Hand und wirft den Motor an.

„Nanu", fragt der Förster ganz erstaunt, „was ist denn das für ein Geräusch?"

Der alte Förster kommt zum Optiker und sagt: „Ich hätte gerne eine neue Brille."

Darauf fragt der Optiker: „Ist Ihre alte denn nicht mehr scharf?"

Empört sich sein Kunde: „Ich muss schon sehr bitten: Was geht Sie denn meine Frau an?"

„Seit Förster Hinterhuber sein ganzes Vermögen verloren hat, will die Hälfte seiner Freunde nichts mehr von ihm wissen", tuschelt die im ganzen Dorf als Plaudertüte bekannte Pfarrersköchin beim Bäcker.
„Und was ist mit der anderen Hälfte?"
„Die weiß es noch nicht!"

„Wenn bei uns zu Hause das Telefon klingelt, nimmt meine Frau immer ab", erzählt der alte Förster am Stammtisch.
Erwidert sein Freund Ludwig: „Hast du ein Glück, bei meiner hilft nur eine Diät!"

Der Richter zum angeklagten Forstgesellen: „Sie werden beschuldigt, Ihren Nachbarn unter Drohgebärden in den Wald getrieben und dort ganz fürchterlich verprügelt zu haben. Sind Sie da nicht etwas zu weit gegangen, Angeklagter?"
„Ja, da haben Sie recht, Herr Richter! Ich hätte es schon vorher auf der Wiese tun sollen!"

Beim Stammtisch kurz vor Weihnachten. Sagt der Förster zum Bauern: „Steh ich doch gestern in aller Herrgottsfrüh auf und schaue aus dem Fenster. Und was sehe ich? Meine Einfahrt ist zugeschneit. Ich nichts wie zum Telefon, um die Raiffeisenbank anzurufen."
Wundert sich der Bauer: „Warum denn die Raiffeisenbank und nicht den Winterdienst?"
„Na, es heißt doch immer: ‚Wir machen den Weg frei'!"

Zwei hinterwäldlerische Forstgesellen müssen geschäftlich in die Großstadt. Um die Mittagszeit besuchen sie ein Restaurant. Ihnen gegenüber hängt ein großer Spiegel.

Sagt der eine: „Die zwei da drüben kommen mir bekannt vor, sind die nicht aus unserem Dorf?"
Darauf der andere: „Hast recht. Wir sollten sie begrüßen." Er steht auf und will auf den Spiegel zugehen.
Hält ihn der andere am Ärmel fest: „Bleib sitzen, der eine von ihnen kommt schon von selber!"

Ein Holzfäller sucht Arbeit. „Ich bin der größte Holzfäller auf Erden!", prahlt er.
„Das kann ja jeder sagen. Wo hast du denn bis jetzt gearbeitet?", entgegnet der Förster, bei dem er sich vorstellt.
„In der Wüste Sahara."
Der Förster lacht: „In der Sahara gibt es doch gar keine Bäume."
„Ja, jetzt nicht mehr!", antwortet der Holzfäller.

Müller geht in den Wald und fällt Bäume. Da kommt der Förster und fragt stocksauer: „Was machen Sie denn da?!"
„Ich mache Hasenfutter."
„Aber haben Sie jetzt völlig den Verstand verloren? Die fressen doch gar kein Holz."
„Ja und? Wenn sie es nicht fressen wollen, verbrenne ich es eben."

Im Münchner Zoo ist ein gefährlicher Gorilla ausgebrochen und hat sich auf einem Baum in der Stadt versteckt. Endlich kommt der Gorillajäger mit seiner Ausrüstung: einem Golfschläger, einem Strick, einem Gewehr und einem scharfen Pitbull. Er bittet einen der Wärter, ihm zu helfen.
Jäger: „Pass auf, ich klettere jetzt auf den Baum und gebe dem Gorilla mit dem Golfschläger eines auf den Kopf. Der fällt hoffentlich dadurch vom Baum, der Pitbull springt ihn sofort an und

hält ihn in Schach. Dann kannst du den Gorilla in Ruhe mit dem Strick fesseln."

Wärter: „Und wofür ist dann das Gewehr?"

Jäger: „Wenn der Gorilla mich zuerst vom Baum schmeißt, erschießt du sofort den Hund!"

Ein Jäger steht vor Gericht. Sagt der Richter: „Wie konnten Sie denn nur auf den Herrn Knoll schießen? Er hat doch laut und deutlich gerufen, dass er kein Wildschwein sei."

„Weil ich ihn kenne, Herr Vorsitzender. Der lügt, wenn er den Mund aufmacht.

Wenn der Jäger zum Waldrand hetzt,
war das Plumpsklo schon besetzt!

Die Jagdzeit im hohen Norden beginnt. Ein erfahrener Bärenjäger will sichergehen, dass er nicht von irgendeinem Anfänger angeschossen wird. Er lässt sich also sicherheitshalber einen schicken Anzug aus schwarz-weiß gestreiftem Stoff machen. Prompt schießt ihm ein Neuling in den Arm. Der behandelnde Arzt schreit den Anfänger an: „Die Streifen kann man doch durch dichtes Geäst sehen. Wie konnten Sie den Mann auf hundert Meter für einen Bären halten?"

„Hab ich ja gar nicht", stottert der Anfänger, „ich dachte eher, er wäre ein Zebra."

Worüber reden drei Jäger auf einer einsamen Insel?
Über Jagd, Frauen, Fußball und Autos.
Und worüber reden drei Frauen auf einer einsamen Insel?
Zwei tun sich zusammen und reden über die dritte.

Ein Förster beobachtet schon eine ganze Weile, wie sich ein junger Mann mit einem Taschenmesser an einer Baumrinde zu schaffen macht. „Hey, Sie da", ruft der Förster dem jungen Burschen zu, „Sie können doch nicht an einem gesunden Baumstamm herumschnitzen!"
Meint der: „Ich schnitze ja gar nicht – ich radiere etwas aus!"

Nach einem fürchterlichen Orkan treffen sich zwei Forstangestellte. Fragt der eine: „Ist euer Unimog beschädigt worden?"
Sagt der andere: „Weiß ich nicht, wir haben ihn noch nicht wiedergefunden!"

Ein Förster läuft durch den Wald, als plötzlich nach einem grellen Blitz eine Fee vor ihm steht und sagt: „Heute ist dein Glückstag, mein Bester. Du hast einen Wunsch frei!"
Der Förster überlegt und sagt: „Es herrscht so viel Krieg auf der Welt, ich wünsche mir, dass alle Menschen, schwarz oder weiß, in Frieden miteinander leben."
Da breitet die Fee eine Weltkarte aus, deutet auf tausende Punkte, welche Kriegsgebiete in aller Welt markieren und sagt: „Weißt du, ich bin nur eine kleine Fee und kann nur kleinere Wünsche erfüllen. Dieser übersteigt meine Kräfte. Hast du keinen anderen Wunsch?"
Der Förster überlegt wieder und sagt: „Ja, ich würde gerne Frauen besser verstehen!"
Da legt die Fee die Stirn in Falten und entgegnet ihm: „Da wollen wir doch noch einmal lieber einen Blick auf die Landkarte werfen!"

Zwei Förster streifen durch den Wald. Am Rande eines Waldweges steht, etwas abgelegen, ein Auto, in dem sich offensichtlich gerade ein Pärchen miteinander vergnügt.

„Meinst du nicht auch, wir sollten einen Warnschuss abgeben?",
sagt der eine Förster.
Meint der andere: „Ich denke ja gar nicht dran! Mich hat damals
auch keiner gewarnt."

Zwei Jäger auf der Pirsch. Nachdem sie eine Zeit lang gemeinsam
unterwegs sind, trennen sie sich an einer Weggabelung. Auf der
linken Seite fällt ein Schuss. Wenig später treffen sich die beiden
wieder und der eine fragt: „Was hast du denn geschossen?"
„Ganz genau weiß ich es noch nicht. Aber den Federn nach
könnte es ein Rebhuhn gewesen sein."
Wieder gehen sie ihrer Wege. Nun fällt auf der rechten Seite ein
Schuss. Bald kommen die beiden wieder zusammen und an den
Schützen geht die Frage: „Was hast du denn geschossen?"
„Kann ich dir noch nicht genau sagen. Aber den Unterlagen nach
scheint es sich um einen Journalisten zu handeln."

Zwei Honoratioren auf der Jagd. Sagt der eine:
„Verflixt, schon wieder daneben. Verteufelt kurzes Wild in Ihrem
Revier, Herr Direktor!"
„Ach, kommen Sie, Herr Professor! Die Großwildjagd in Afrika hat
Sie einfach ein bisschen verwöhnt!"

„Einverstanden", sagt der Interessent, „vermutlich werde ich dieses
alte Jagdhaus kaufen. Aber da, am Zaun, diese Bienenstöcke; ist
das nicht gefährlich mit diesen Bienen?"
„Nein, nein", sagt der alte Förster, „die sind völlig ungefähr-
lich. Ich wette mit Ihnen. Wenn ich Sie hier nackt anbinde und
mit Honig einschmiere, und auch nur eine Biene tut Ihnen etwas zuleide, bekommen Sie das Haus zum halben Preis!"

Und so lässt sich der Interessent auf dieses unge-
wöhnliche Experiment ein. Am Abend kommt der
Bauer wieder, der nackte, honigbeschmierte Mann
hängt völlig erschöpft in den Seilen. Der Förster
sieht seine Felle davonschwimmen. „Um Himmels
Willen, haben die Bienen Ihnen etwas angetan?"
„Nein", lallt der Interessent, „das nicht.
Aber das Kälbchen da auf der Wiese, hat das
keine Mutter mehr?"

Der neue Förster hat sich im Wald verlaufen. Nach vielen Stunden
ohne Essen, Trinken und Schlaf findet er endlich ein kleines
abgelegenes Haus im Wald. Er klopft an und ein kleiner uralter
Chinese öffnet ihm. Der Förster erklärt seine Notlage und der
Chinese bietet ihm für die Nacht ein Bett an und lädt ihn sogar
zum Abendessen ein.
Daran nimmt auch die Enkeltochter des Chinesen teil, ein
bildhübsches Mädchen, noch keine 20. Als sie kurz den Raum
verlässt, sagt der Großvater mit lächelnder Miene, er wünsche auf
keinen Fall, dass der Gast sich der Enkelin nähere.
„Falls Sie die Kleine auch nur berühren, droht Ihnen die dreiteilige
chinesische Wang-Prüfung!"
Doch immer wieder tauschen die beiden jungen Leute interessierte
Blicke aus und es passiert, was passieren muss. Nachdem sich
der Großvater zurückgezogen hat, verschwinden die beiden im
Gästezimmer und verbringen eine wunderbare Nacht miteinander.
Als der junge Förster am anderen Morgen in seinem Zimmer
aufwacht, ist er allein. Er verspürt ein beklemmendes Gefühl und
entdeckt einen schweren Stein auf seiner Brust, daran
angebunden ein Zettel mit der Aufschrift: „Erste chinesische
Wang-Prüfung: Stein auf Brust".

Der Förster muss lächeln. Ist er doch ein starker junger Mann, und wenn die beiden anderen Prüfungen sich genauso lächerlich anführen, dann bedeuten sie gar nichts im Vergleich zur vergangenen Nacht. Also nimmt er den Stein und wirft ihn aus dem Fenster. In diesem Moment entdeckt er auf dem Nachtkästchen einen zweiten Zettel: „Zweite chinesische Wang-Prüfung: Stein mit Schnur an linkem Hoden angebunden".
Der Förster bemerkt die Schnur, aber kann den Stein nicht mehr fangen. Geistesgegenwärtig springt er aus dem Fenster im ersten Stock, um das Schlimmste zu verhindern. Da bemerkt er an der Hauswand ein großes Plakat, auf dem steht: „Dritte chinesische Wang-Prüfung: rechter Hoden mit Schnur an Bettpfosten gebunden."

KAPITEL 7:

Im eigenen Revier – Jäger und ihre Frauen

Auch wenn die Jägerei oft eine eher einsame Angelegenheit ist, so ist der Förster doch in aller Regel kein einsamer Mensch, sondern lebt wie (fast) jedermann in einer Beziehung. Dass diese Beziehung durchaus die ein oder andere Eigenheit besitzt, wird auf den folgenden Seiten belegt.

Der Förster und seine Frau sitzen in ihrem neuen Jeep. Sie bittet ihn: „Du, Schatz, kannst du mir bitte mal den Sitz vorstellen?" Der antwortet liebevoll: „Ja, klar, mach ich. Liebe Claudia, das ist der Sitz; lieber Sitz, das ist meine Frau Claudia."

Nach dem Gottesdienst verabschiedet der Pastor seine Schäfchen an der Kirchentür. Als die Förstergattin des Weges kommt, spricht er sie an: „Liebe Frau Moser, ich musste leider beobachten, dass Ihr Mann während des Gottesdienstes die Kirche verlassen hat." Schlagfertig antwortet die Frau: „Das Problem kenne ich, Herr Pastor, er war schon als kleines Kind Schlafwandler."

Jägerstammtisch. Man sitzt donnerstagabends beisammen und bespricht, wo man sich am Wochenende zum Jagen verabredet. Einer aus der Gruppe druckst den ganzen Abend herum und weiß nicht, wie er es den anderen beibringen soll, dass er von seiner Frau voraussichtlich keinen Ausgang bekommt. Als er endlich mit der peinlichen Wahrheit herausrückt, wird er natürlich den Rest des Abends zum Gespött seiner Jagdgenossen.

Das Wochenende beginnt und die Truppe macht sich bei Einbruch der Dämmerung auf den Weg. Im Revier angekommen erwartet sie bereits der vermeintliche Pantoffelheld, bester Laune und schon mit dem ersten Bier in der Hand.

Völlig verdutzt fragen ihn die anderen: „Wo kommst du denn jetzt her? Du hattest doch gar keinen Ausgang?"

Darauf ihr Freund: „Was soll ich sagen: Ich bin sogar schon seit gestern hier!"

„Wie kommt das denn so plötzlich?"

Grinsend erzählt der Jäger: „Als ich vom Stammtisch nach Hause kam und mich gerade noch für ein Bier vor die Glotze setzen wollte, stand meine Frau hinter mir und hielt mir die Augen zu. Als ich mich umgedreht hab, stand sie da in einem durchsichtigen Nachthemd und sagte: „Überraschung! Bring mich ins Bett, fessele mich und dann mach', was du willst! Und, was soll ich euch noch sagen, Jungs: Hier bin ich!"

Die junge Förstergattin serviert stolz ihren ersten gebratenen Fasan.
Er: „Sieht ja köstlich aus, womit hast du ihn denn gefüllt?"
„Gefüllt? Der war doch gar nicht leer!"

Ein Jäger und seine junge Frau sind auf der Jagd. Der Mann zielt
auf eine Ente, schießt und trifft. Die Ente fällt. „Prima Schuss",
meint er.
Mitleidig erwidert seine Frau: „Der Schuss war völlig überflüssig.
Das arme Tier hätte den Sturz aus dieser Höhe sowieso nicht überlebt."

Verlegen sitzt die Frau eines Jägers beim Anwalt und sagt:
„Ich will mich scheiden lassen!"
Der Anwalt fragt nach dem Scheidungsgrund.
Seufzend antwortet die Frau: „Ach, mein Mann ist 200 Prozent
impotent."
„Sie meinen zu 100 Prozent impotent", korrigiert der Anwalt.
„Nein, ich meine schon 200 Prozent."
„Und wie soll das funktionieren?", will der Anwalt wissen.
„Na ja, zu 100 Prozent impotent war schon einige Jahre. Aber
gestern ist er vom Hochsitz gefallen und hat sich auch noch die
Zunge abgebissen."

Endlich gelingt es der Frau des Jägers, ihren Mann dazu zu
überreden, sie einmal mit auf die Jagd zu nehmen. Bevor es in
den Wald geht, erklärt er ihr lang und breit, wie sie das Gewehr zu
bedienen hat, wie sie sich am besten versteckt und vieles mehr.
Schließlich sagt er ihr, dass es sehr wichtig sei, nach dem Schuss
sofort zu dem erlegten Tier zu eilen, da derjenige Besitzansprüche
erheben kann, der als erster beim Tier angekommen ist.
Im Wald verkriechen sich beide um einiges voneinander entfernt in

ihrer Deckung und harren der Dinge. Nach kurzer Zeit hört der Jäger einen Schuss. Schnell eilt er zu seiner Frau, um zu sehen, was passiert ist. Schon aus der Ferne kann er sehen, wie sie mit einem fremden Mann wild gestikulierend um einen Kadaver herumsteht. Als er näher herankommt, hört er den Mann sagen: „Also gut, es ist IHR Hirsch, ich kenne die Regeln! Darf ich mir aber wenigstens noch MEINEN Sattel abnehmen?"

Er kommt von der Jagd nach Hause und beschwert sich, dass der Tisch noch nicht gedeckt ist. Sie kontert:
„Wenn du den ganzen Tag auf dem Hochsitz verbringen und auf Beute warten kannst, wirst du doch wohl auch ein paar Minuten aufs Essen warten können!"

Die Frau des Försters fährt zur Kur. Auf dem Bahnhof sagt sie zu ihrem Mann:
„Aber Klaus, bloß um zu sehen, wie ich abfahre, brauchst du doch nicht das Auto im teuren Parkhaus abstellen!"
„Doch, Paula, das ist mir die Sache wert."

„Stellt euch vor", erzählt Rüdiger in der Stammkneipe, „meine Frau ist bei einem Jagdunfall ums Leben gekommen."
Entsetzt fragt ein anderer: „Um Himmels Willen, wie ist das denn passiert?"
Betrübt zuckt Rüdiger die Schultern: „Ein Jäger hat ihr ins Bein geschossen, und da hat sie so herzzerreißend gebrüllt, dass ich ihr den Gnadenschuss gegeben habe."

Was ist eine Optimistin? Eine Jägersgattin, die mit laufendem Motor vor einem Jagdgeschäft im Halteverbot auf ihren Mann wartet.

Aufgeregt rüttelt Georg seine Ehefrau aus dem Schlaf:
„Schnell, schnell, unsere Jagdhütte brennt! Zieh dir schnell etwas an!"
„Das Dirndl oder das Jagdkostüm?"

Grillabend vor der Jagdhütte. Als das Ehepaar gegen Mitternacht
nach Hause fährt, bemerkt er zu ihr: „Das war heute vielleicht ein
elender Fraß! Das hätten wir auch zu Hause haben können!"

„Sven, nimm dir mal ein Beispiel an unserem Nachbarn! Immer,
wenn er zur Jagd geht und das Haus verlässt, umarmt er vorher
seine Frau und gibt ihr einen langen Kuss. Du tust das nie!"
„Also Petra, wenn du unbedingt willst, kann ich das schon machen.
Aber ehrlich gesagt, kenne ich die Frau nur flüchtig!"

Bei der Treibjagd fällt dem Jagdherrn ein neuer, ziemlich
talentierter Jäger auf. Er lädt ihn beim abschließenden Umtrunk für
das nächste Mal wieder ein.
„Ich komme gerne", sagt der Mann, „aber es kann sein, dass es
etwas später wird."
Die nächste Jagd steht an, der Mann ist pünktlich. Nun beobachtet
der Jagdherr, dass der Jäger diesmal nur rechts anlegt, während
er beim vorhergehenden Mal nur links angelegt hatte. Beim
Umtrunk spricht er den Jäger darauf an.
„Das lässt sich leicht erklären", meint dieser. „Wenn ich zur Jagd
gehe und meine Frau liegt morgens auf der rechten Seite, dann
schieße ich mit rechts. Liegt sie auf der linken Seite, schieße ich
mit links."
„Aber ihre Frau kann doch auch mal auf dem Rücken liegen",
argumentiert der Jagdherr.
„Dann, wie bereits erwähnt, komme ich eben später."

Nach längerer Zeit treffen sich zwei Förster wieder. Der eine
mustert den anderen von oben bis unten und bemerkt: „Alles in
Ordnung mit dir? Du bist ganz schön dünn geworden!"
Die Antwort: „Nein, alles in bester Ordnung! Die Sache ist ganz
einfach. Wenn ich abends von der Jagd komme und an den
Kühlschrank gehe, ist nichts Besonderes drin. Also gehe ich gleich
ins Bett. Aber sag mal: Du selbst hast ganz schön zugenommen,
was ist da los?"
Der andere zuckt die Achseln: „Bei mir ist es genau umgekehrt wie
bei dir. Ich komme abends aus dem Wald und gehe ins Bett. Da ist
nichts Besonderes drin, also gehe ich an den Kühlschrank."

Die Ehefrau beklagt sich bei ihrem Mann darüber, dass er mehr
Interesse für Wald und Wild hat anstatt für sie.
„Immer hast du nur die Jagd im Kopf. Wenn ich dich nach unserem
Hochzeitstag fragen würde, ich wette, du wüsstest ihn nicht!"
Darauf der Ehemann: „Aber Schatz, wie kannst du so etwas
sagen? Natürlich weiß ich das noch. Es war der 2. Oktober und ich
war in der Früh noch einen Rehbock jagen!"

Ein junger Jäger wird das erste Mal zu einem Ansitz eingeladen.
Treffpunkt ist das Haus des Jagdaufsehers. Der lässt leider noch
auf sich warten, nur die Schwiegermutter ist zu Hause und bittet
ihn herein.
Um ein Gespräch in Gang zu bringen, sagt der junge Mann: „Oh,
Sie haben da aber eine schöne Vase, Frau Lutz."
„Ja. da ist die Asche von meinem Mann drin", antwortet sie leutselig.
Dem Gesprächspartner ist die Sache ziemlich peinlich:
„Oh, das tut mir aber leid."
Frau Lutz winkt ab: „Ach, so schlimm ist das auch wieder nicht.
Der alte Knabe ist nur immer zu faul, sich einen Aschenbecher zu holen."

Was ist ein Mann, der zur Jagd gehen kann, wann immer er mag?
Ledig!
Und was wird aus der Jagd, nachdem er geheiratet hat?
Erledigt!

„Du bist mir vielleicht ein Jäger", stöhnt die Ehefrau. „Auf deiner
ersten Jagd hast du gar nichts erlegt, auf der zweiten einen Hund.
Und diesmal hast du einen Treiber angeschossen!"
„Was willst du?" antwortet ihr Mann. „Immerhin hieß der Treiber Wolf!"

Schweres Unglück auf der Jagd: Ein Jäger schreit entsetzt einen
Kollegen an: „Bist du wahnsinnig geworden! Du Idiot hast soeben
meine Frau erschossen!"
„Ich habe es bemerkt, es tut mir wahnsinnig leid", antwortet der
andere. „Ich möchte es gern wieder gutmachen. Bedien' dich! Da
hinten, an der dritten Eiche von rechts, steht die meine."

„Simone, bitte beeile dich ein bisschen mit dem Mittagessen. Du
weißt doch, dass ich auf die Jagd will."
„Ist ja schon gut, Peter, du wirst schon noch früh genug zu deinen
Hörnern kommen!"

Gespräch im Forsthaus nach Feierabend. Sie löst Kreuzworträtsel.
Er liest in der Mitgliederzeitung des Jagdverbandes.
Beiläufig beginnt sie: „Übrigens war ich gestern beim Arzt."
Er, ohne aufzublicken: „So, so, wie geht's ihm denn?"

Das alte Försterehepaar gönnt sich zur Silbernen Hochzeit ein
Wochenende in London. Am Flughafen angekommen, nehmen sie
sich ein Taxi zum Hotel. Die Fahrt dauert einige Zeit und so denkt
sich der Fahrer, er könne mit seinen Fahrgästen ein bisschen

Konversation treiben. Er fragt also nach hinten: „Where are you from?"
Der Mann antwortet: „We are from Bavaria!"
Die Frau, die kein einziges Wort Englisch versteht, fragt: „Was hat
er gesagt?"
Der Förster: „Er hat uns gefragt, wo wir her sind, und ich habe ihm
gesagt, dass wir aus Bayern kommen!"
Nach einiger Zeit fragt der Fahrer: „And where do you live in Bavaria?"
Der Förster: „We live in Nürnberg!"
Seine Frau: „Was hat er gesagt?"
Ihr Mann antwortet, schon leicht genervt: „Er hat gefragt, wo in
Bayern wir leben und ich antwortete, wir würden in Nürnberg leben."
Ruft der Fahrer: „Oh, my God, in Nürnberg I had the worst fuck in
my whole life!"
Die Förstergattin: „Was hat er gesagt?"
Ihr Mann: „Er kennt dich!"

Treffen sich zwei Jäger auf der Pirsch. Sagt der eine: „Guten Tag,
heute habe ich schon deine Frau getroffen."
Fragt der andere: „Wo?"
Darauf der erste: „Genau zwischen die Augen."

Förstergattin: „Liebling, dein Jagdgehilfe hat heute gesagt, dass
ich ganz tolle Beine hätte!"
Förster: „Ach ja, und von deinem fetten Arsch hat er nicht gesprochen?"
Försterin: „Nein, von dir war nicht die Rede …"

Der Jagdaufseher ist nicht mehr der Jüngste. Eines Tages mistet
seine Frau den Stall seines Kaltbluthengstes aus. Das Pferd
scheut, tritt aus und tötet sie.
Auf der Beerdigung ist auch ein entfernter Verwandter zugegen,
dem auffällt, dass der Jagdaufseher immer mit dem Kopf nickt,

wenn ihm eine Frau kondoliert, während er bei den Männern
immer den Kopf schüttelt.

Hinterher fragt er ihn: „Sag mal, warum hast du bei den Frauen
immer mit dem Kopf genickt, bei den Männer aber immer den Kopf
geschüttelt?"

„Na ja", sagt der alte Aufseher, „die Frauen haben immer gesagt:
‚Mein Beileid'. Und die Männer: ‚Hast du dein Pferd noch?'"

Geht die Försterin in die Breite,
sucht der Förster schnell das Weite.

„In unserer Ehe ist ‚Streit' ein Fremdwort", sagt die junge
Förstergattin Anja zu ihrer Schulfreundin.

„Du Glückliche, wenn ich das auch nur sagen könnte!", antwortet diese.

Darauf Anja: „Ja, hoffentlich wird die zweite Woche auch so harmonisch!"

Der alte Förster und seine Frau gehen zum ersten Mal ins Kino. Im
Saal ist es stockdunkel. Die Platzanweiserin kommt ihnen mit einer
Taschenlampe entgegen.

„Pass auf, Anneliese!", brüllt er, „ein Fahrrad!"

Das alte Försterehepaar hat wieder einmal Krach.

„Ich muss ein ganz schönes Rindvieh gewesen sein, als ich dich
damals auf dem Jägerball angesprochen habe", grantelt er.

Sie keift zurück: „Jetzt gib bloß nicht so an – schön warst du nie!"

Der Tierarzt ruft beim Oberförster an: „Ihre Frau ist mit Ihrem Hund
da und bat mich, ihn einzuschläfern. Ist das so in Ordnung?"

Der Förster zögert keine Sekunde: „Kein Problem, und den Hund
können Sie einfach auf die Straße setzen, er kennt den Heimweg
von allein …"

Das alte Försterehepaar will Silberne Hochzeit feiern. Der Förster hat Pläne. „Weißt du, Maria, wir wollen alles genauso machen wie an unserem Hochzeitstag. Früh gehen wir in unser Wäldchen!"
„Und dann?", fragt die Frau neugierig.
„Dann gehen wir in unser Stammrestaurant!"
„Und dann?"
„Dann steigen wir auf den Hochsitz und bewundern das Panorama!"
„Und dann?"
„Dann gehen wir in ein Café!"
„Und dann?"
„Dann gehen wir nach Hause!"
„Und dann, und dann …?"
„Dann werden wir uns die Füße baden, denn die werden uns bestimmt wehtun."

Greift sich der Förster mal ein Mädel,
haut ihm die Försterin auf den Schädel.

Zwei befreundete Jäger treffen sich nach einiger Zeit wieder.
„Warum hast du alter Junggeselle jetzt doch noch geheiratet?"
„Nun ja, die Wirtshauskost hat mir einfach nicht mehr geschmeckt."
„Und jetzt?"
„Jetzt schmeckt sie mir wieder …"

Am Stammtisch fragt der Oberförster seinen Freund: „Na, ist deine Alte wieder von der Kur zurück?"
Der seufzt: „Ja, ja, leberleidend fuhr sie weg. Und leider lebend kam sie wieder."

Treffen sich zwei Jäger.
„Du, ich habe heute deine Frau getroffen."
„Waidmannsdank!"

Stolz zeigt der Großwildjäger einem Besucher seine Trophäen.
„Schrecklich", schreit der Besucher, „da hängt ja auch der Kopf
einer Frau, und die lacht auch noch."
„Das ist meine Schwiegermutter. Sie hat bis zum letzten Moment
geglaubt, ich würde sie fotografieren."

Der Hagl Sepp, der alte Oberförster, regt sich über ein verlorenes
Skatsolo derartig auf, dass er tot vom Hocker kippt. Die anderen
beiden Kartenfreunde, der Pfarrer und der Bürgermeister, beraten,
wer denn der Frau die traurige Nachricht überbringen soll. Der
Pfarrer erklärt sich bereit, diese Aufgabe zu übernehmen, er sei ja
so etwas schon gewohnt. Er geht schweren Herzens los und läutet
bei der ahnungslosen Witwe. Sie öffnet. Er beginnt zaghaft: „Guten
Abend, Frau Hagl. Ich komm grad aus der Wirtschaft, vom Sepp."
Sie wütend: „Sitzt der Lump schon wieder beim Kartenspiel, hat er
am Ende wieder verloren?"
„Ja, ich glaub, er hat wirklich verloren."
„Hat er viel verloren?"
„Ja, ich denke er hat sehr viel verloren."
„Dann soll ihn der Schlag treffen, den alten Gauner."
Daraufhin der Pfarrer: „Dann bin ich aber beruhigt, dass der Wille
des Herrn mit dem Ihren zusammengetroffen ist."

Schweigend sitzt das Ehepaar am Frühstückstisch. Schließlich
bricht er die Stille: „Nicht wahr, mein Schatz, gestern bin ich doch
lautlos von unserer Jägersitzung nach Hause gekommen?"
„Du schon, aber nicht deine vier Kameraden, die dich
heimgetragen haben."

Das alte Försterpaar ist seit 30 Jahren verheiratet und man feiert im Hotel, wo man auch schon die Hochzeitsnacht verbracht hatte. Sogar dasselbe Zimmer wie damals wird gebucht. Nach einem romantischen Abendessen liegt der Mann schon im Bett, als seine Frau aus dem Bad kommt, splitternackt, genau wie damals. Verführerisch fragt sie ihn: „Sag mal, Liebling, was hast du damals eigentlich gedacht, als ich so aus dem Bad kam?"
Er überlegt ein wenig und antwortet: „Ich habe dich von oben bis unten betrachtet und mir gedacht, ich möchte deine Brüste aussaugen und dir den Verstand wegbumsen!"
„Und was denkst du heute?" fragt sie mit vor Erregung zitternder Stimme.
Meint er nur trocken: „ Ich denke, dass mir das ganz gut gelungen ist!"

KAPITEL 8:

Im fremden Revier – Jäger und Seitensprünge

Therapeuten, die Jäger zu ihren Klienten zählen, erzählen häufig, dass deren Verhältnis zum weiblichen Geschlecht sich durchaus von dem anderer Männer unterscheidet. Statt nun lange psychologische Erklärungen abzugeben, begründen wir das lieber anhand der folgenden Witze. Frauen, die einen Jäger oder Förster ihr eigen nennen, könnten aus diesem Kapitel ganz besondere Rückschlüsse ziehen.

Treffen sich zwei Jäger. Sagt der eine: „Du, ganz unter uns: Ich muss jetzt mal reinen Tisch machen. Ich habe mit deiner Frau geschlafen. Und seitdem quält mich die Frage, ob wir nun verwandt sind."

„Nö", antwortet der andere, „wir sind nicht verwandt, wir sind quitt!"

Zwei Jäger auf einem Hochsitz. Der eine schaut einige Zeit durch sein Fernglas und fragt dann den anderen unvermittelt:
„Sag mal, was würdest du eigentlich tun, wenn dich deine Frau betrügen würde?"
Der andere schüttelt ungläubig den Kopf:
„Das würde meine niemals tun!"
„Und wenn doch?"
Der Erste kratzt sich am Kopf und antwortet nach langem Zögern:
„Ich glaube, erst würde ich dem Typen sein Wertvollstes wegschießen und dann meiner Frau den Kopf!"
Darauf schaut der andere wieder durch sein Fernglas und reicht es seinem Kollegen mit den Worten:
„Wenn Du dich beeilst, schaffst du beides mit einem Schuss."

Ein Jäger geht zum Beichten:
„Hochwürden, ich habe Ehebruch begangen."
„Wie oft, mein Sohn?"
„Herr Pfarrer, bitte, ich will beichten, nicht angeben."

Zwei Jäger vergleichen die Qualität ihrer Ferngläser.
Sagt der Zeiss-Besitzer: „Wenn du ein Zeiss hättest, würdest du
sehen, dass da unten in deiner Wiese zwei Menschen liegen."
Antwortet der Olympus-Besitzer: „Wenn du ein Olympus hättest,
würdest du sehen, dass einer davon deine Frau ist …"

Ein Jäger fragt seinen besten Freund: „Ich liebe eine andere. Was
meinst du: Soll ich meiner Ehefrau reinen Wein einschenken?"
Die Antwort: „Wein ist in dieser Situation nicht das passende
Getränk. Ich würde hochprozentigen Schnaps nehmen!"

Der Graf kommt vorzeitig von der Jagd zurück und überrascht
seine Frau mit einem anderen Mann im Bett.
„Johann", ruft er seinen Diener, „hol er mir meine Flinte, ich werde
die beiden auf der Stelle erschießen."
„Aber nicht doch, eure Exzellenz", beschwichtigt der Diener. „Als
passionierter Jäger sollten Sie doch wissen, dass während der
Paarung Schonzeit gilt."

Zwei Jägersgattinnen beim Kaffeekränzchen.
Fragt die eine: „Sag mal, was wäre für dich eigentlich weniger
schlimm: ein Seitensprung deines Mannes, oder wenn er einen
Hirschen erlegt?"
Die andere muss nicht lange überlegen: „Lieber einen
Seitensprung. Darüber redet er nicht so lange."

Treffen sich zwei Jagdkollegen:
„Wie hast du die Trennung von deiner Frau verkraftet?"
„Jetzt geht's schon, aber die ersten Wochen bin ich fast verrückt geworden vor Freude."

Der Großwildjäger ist nach einem langen Trip wieder heimgekehrt. Die erste Nacht nach der Trennung wird besonders stürmisch. Da klopft jemand von der Nachbar-wohnung gegen die Wand und ruft: „Hat man dennnicht mal am Wochenende seine Ruhe?"

Nach der Treibjagd beschließen zwei Freunde noch bei einem der beiden einen Absacker zu nehmen. Vor der Haustür legt der eine den Finger auf den Mund: „Psssst! Wir müssen leise sein! Meine Frau schläft sicher schon!"
Auf Zehenspitzen betreten sie die Wohnung, der Hausbesitzer geht in die Küche, um das Bier aus dem Kühlschrank zu holen. Der andere will auf die Toilette, landet aber aus Versehen im Schlafzimmer. Ein Blick genügt und entgeistert geht er in die Küche zu seinem Kumpel:
„Mensch, bei deiner Frau liegt ein anderer Mann im Bett!"
„Um Gottes willen! Sei bloß leise! Wir haben nur noch zwei Bier!"

Ein Jäger kommt nach Hause und erwischt seine Frau mit seinem besten Freund im Bett. Er läuft zum Gewehrschrank, holt sein Gewehr und erschießt ihn.
Darauf seine Frau: „Wenn du so weitermachst, hast du bald keine Freunde mehr!"

Früher als geplant, kommt der Jäger von der Passjagd nach Hause. Überrascht stellt er fest, dass der Hausarzt mit seiner Frau im Bett liegt.
„Ja, was machen Sie denn da mit meiner Frau?"

Der Arzt, nicht faul: „Fieber messen!"
Der Jäger schlägt die Flinte an und meint: „Dann wollen wir hoffen, dass auch Ziffern auf Ihrem Fieberthermometer sind!"

Frühmorgens geht ein Mann auf die Jagd. Im Wald angekommen, beginnt es zu regnen, der Wind nimmt zu. Der Mann beschließt umzukehren. Er schleicht sich in die Wohnung, zieht sich aus und legt sich wieder zu seiner Frau ins Bett.
„Wie ist es draußen?" fragt sie im Halbschlaf.
„Gruselig. Es ist kalt und regnet …"
„… und mein Mann, der Idiot, ist auf die Jagd gegangen."

Ruft ein Jäger einen Bauern zu sich auf den Hochsitz. „Schau mal durchs Fernglas, da drüben auf deinem Acker vernascht gerade jemand deine Frau."
Der Bauer nimmt das Glas und schaut sich die Sache an. Dann antwortet er gelassen:
„Kein Problem. Ist nicht mein Acker!"

Die Dame kommt zum Anwalt. „Herr Anwalt, was kostet eine Scheidung?"
„5 000 Euro."
„Was", sagt die Dame, „so teuer? Für 1 000 Euro kann ich ihn schon auf der Treibjagd erschießen lassen!"

Der etwas einfältige Förster Tacken kommt zum Arzt.
„Herr Doktor, meine Frau hat mir gesagt, dass ich Hornträger bin, aber ich habe doch kein Horn, oder?"
Der Arzt beschwichtigt ihn: „Das ist doch nur eine Redensart, sie meinte wahrscheinlich, dass sie Ihnen Hörner aufgesetzt hat. Oder um es mit meinen Worten zu sagen, dass sie Sie betrogen hat!"

Erleichtert antwortet Tacken: „Ach, wenn das so ist! Und ich habe schon befürchtet, ich hätte nicht genug Kalzium!"

Die Försterin sagt zu ihrem Mann: „Die Leute im Dorf sagen, du hättest ein Verhältnis mit unserer Putzfrau."
Der Förster sagt: „Das ist meine Sache."
Sie: „Die Leute sagen auch, sie bekäme ein Kind."
Darauf er: „Das ist ihre Sache."
Wieder sie: „Du, wenn das stimmt, dann bringe ich mich um!"
Er: „Das ist dann deine Sache!"

Die Förstergattin sagt aufgeregt zu ihrem Liebhaber: „Hast du schon mal Staubsauger verkauft, Liebling?"
„Nein, noch nie."
„Dann würde ich sofort damit anfangen – ich höre nämlich meinen Mann auf der Treppe!"

Am Stammtisch. Stößt ein Jäger den anderen an: „Du, Paul: Wenn du das nächste Mal Sex mit deiner Frau hast, dann zieh doch bitte die Vorhänge im Schlafzimmer zu. Als wir gestern Abend nach Hause gegangen sind, konnten wir alle zusehen."
„Da siehst Du mal, wie schlecht ihr alle seht", entgegnet Paul. „Ich war gestern Abend gar nicht daheim, ich war in der Jagdhütte!"

KAPITEL 9:

Sex und Jagd – eine ewige Geschichte

Wir haben den Jäger in Beziehung zur Ehe betrachtet. Wir haben seine Sicht der Dinge auf die Nebenfrau durchleuchtet. Dabei sind wir immer mehr oder weniger dezent geblieben. Für alle, die bisher enttäuscht wurden, hier dann doch noch ein paar deftigere Witze, die tief blicken lassen.

Was ist der Unterschied zwischen einem erfolgreichen und einem erfolglosen Jäger?
Beim erfolgreichen Jäger steckt der Hase im Rucksack, die Büchse hat er geschultert und neben ihm steht der Hund.
Der erfolglose Jäger hat zwar den Hasen im Bett und die Hand an der Büchse, aber der Hund steht nicht!

Ein Förster entdeckt in seinem Revier eine nackte schlafende Schönheit. Da er es zum Erhalt der sittlichen Ordnung nicht zulassen kann, wie die Dame sich so räkelt, nimmt er seinen Hut, bedeckt damit ihre Scham und geht weiter.
Wenig später kommen zwei betagte Spaziergänger vorbei. Als der eine die Nackte sieht, sagt er: „Also ich hab in meiner Jugend auch nichts ausgelassen. Aber dass von einem Kerl nur noch der Hut rausguckt, ist das Härteste, was ich bisher gesehen habe."

„Herr Doktor, bitte helfen Sie mir! Jede Nacht träume ich von einem kapitalen Rehbock!"
„Ja, träumen Sie denn nie von etwas anderem? Zum Beispiel von Sex, wie das fast jeder andere tut?"„
Bin ich denn verrückt, Herr Doktor, damit mir jemand anderes den Bock wegschießt!?"

Ein junger Jäger spaziert mit seiner Verlobten durch den Wald.
Sagt sie: „Ich hab die ganze Zeit das komische Gefühl, dass du mit mir schlafen willst."
„Aber nein, wo denkst du hin …"
„Tu es einfach trotzdem, damit ich dieses Gefühl endlich loswerde!"

Warum sind Frauen für Jäger keine begehrte Beute?
Das Wildbret ist ungenießbar und das Fell hat schon ein Loch.

Zwei betrunkene Jäger gehen ins Freudenhaus. Die Empfangsdame sagt zu einer Kollegin: „Bring die zwei Suffköppe nach hinten zu den aufgeblasenen Gummipuppen, die merken sowieso nicht mehr, was Sache ist."
Nach einer halben Stunde treffen sich die beiden an der Bar wieder. Lallt der eine: „Na wie war's?"
„Ziemlich enttäuschend, die meine lag nur regungslos da. Und bei dir?"
„Oh, ich kann nicht klagen! Aber ich fürchte, die meine war eine Hexe. Als ich sie in die Brustwarze gebissen habe, ist sie erst zweimal um den Lampenschirm und gleich darauf aus dem Fenster geflogen."

Dem Förster begegnet im Wald eine hässliche, bucklige Frau mit einer Krähe auf der Schulter.
Freudig überrascht spricht ihn die Alte an: „Hallo, mein Herr! Wenn du errätst, was für ein Tier ich dabei habe, darfst du eine Nacht mit mir verbringen!"
Verzweifelt überlegt der Förster ein paar Sekunden und antwortet dann mit gequältem Lächeln: „Ach, das ist doch sicher ein Esel, nicht wahr?"
Die Alte glotzt ob der unerwarteten Antwort ihr Gegenüber dümmlich an und sagt dann gedehnt: „Nicht wirklich." Doch schnell besinnt sie sich eines Besseren und sie fährt fort:

„Ach, mein Guter, ich will mal nicht so sein. Deine Antwort kann man gerade noch gelten lassen!"

Ein Jäger kommt nach einer langen Reise todmüde in seinem Hotel an. Kaum im Bett, ist er auch schon eingeschlafen und beginnt unverzüglich nervenzerfetzend zu schnarchen. Sehr zum Leidwesen einer jungen Dame im Nebenzimmer. Sie bekommt in dieser Nacht kaum ein Auge zu, man hört das Schnarchen durch alle Wände. Verzweifelt klopft sie immer wieder gegen die Wand, um den Schnarchsack irgendwie zur Raison zu bringen. Alles vergebens. Morgens trifft sie völlig gerädert im Frühstückszimmer ihren lästigen Zimmernachbarn.
Der nimmt sie dezent zur Seite: „Meine Liebe, bitte seien Sie mir nicht böse. Ich habe Ihr Klopfen natürlich gehört. Aber ich war den ganzen Tag auf der Jagd und davon so müde, dass ich mich einfach nicht aufraffen konnte, zu Ihnen rüberzukommen."

Lebensweisheit des alten Oberförsters:
Den meisten Keileranlauf hat der, der selbst noch den Duft einer rauschigen Bache am Pinsel hat.

An einem wunderschönen Sommerabend fährt Werner mit seiner neuen Eroberung ins Revier, um auf einen Bock anzusitzen. Auf dem engen Hochsitz gerät der Gedanke an den Bock schnell in Vergessenheit. Vielmehr denkt der junge Jägersmann pausenlos darüber nach, wie er sich dem Mädchen an seiner Seite am besten näher kommen könnte.
Da fragt sie plötzlich: „kannst du eigentlich auch mit einer Hand schießen?"
Voller Vorfreude haucht Werner errötend „Ja, klar."
„Na, dann nimm mal ein Taschentuch, deine Nase tropft."

Als es Abend wird, verlässt der junge Förster die Ansitzleiter, um nach Hause zu gehen. An einer Abzweigung trifft er eine junge Frau, die offenbar denselben Weg hat, und bietet ihr seine Begleitung an. Sie kommen ins Plaudern und nach einiger Zeit fragt er sie, ob sie eine Zigarette haben möchte. Sie lehnt dankend ab. Wenig später bietet er ihr einen Schluck aus seinem Schnapsfläschchen an, das er immer bei sich trägt. Wieder lehnt die junge Frau ab.

Schließlich nimmt er sein Herz in beide Hände und lädt seine Begleiterin zu sich nach Hause ein, was sie mit einem strahlenden Lächeln annimmt. Der Weg führt sie sofort ins Schlafzimmer und als sie mit dem Liebesspiel fertig sind, sieht sie ihn schmunzelnd an: „Siehst du, wie schön das sein kann, auch ohne Alkohol und Nikotin?"

Man sitzt am Jägerstammtisch beisammen. Eine Runde folgt der nächsten, und schließlich kommt das unvermeidliche Thema auf, was denn bei Frauen am Schönsten sei. Für den einen sind es die Augen. Der zweite steht auf Blondinen, ein anderer auf zierliche Hände und Füße. Selbstverständlich wird auch der üppige Busen in Betracht gezogen. Bis schließlich der Älteste am Tisch das Wort ergreift:

„Nun ist aber Schluss mit der Debatte, sonst kommt es noch so weit, dass einer die Wahrheit sagt."

Keine Frage: Viele Jäger sind Schwerenöter. Und so haben wir den Fall, dass zwei von ihnen das gleiche Mädchen lieben. Eines Tages gesteht sie den beiden, in anderen Umständen zu sein. Leider lasse sich nicht mehr feststellen, wer von ihnen der Vater sei. Nach einiger Diskussion entschließen sie sich, gemeinsam für das Kind zu sorgen und sich die Kosten zu teilen.

Kurz vor der Entbindung fliegt einer der beiden nach Afrika auf Großwildjagd. Ein paar Tage später erhält er von dem anderen eine WhatsApp:
„Unsere Freundin hat Zwillinge bekommen. Meiner ist bei der Geburt leider gestorben."

Zwei Männer treffen sich im Wald. Meint der erste:
„Auch Jäger?"
„Ja!"
„Rotwild?"
„Nein, Schürzen!"

Der junge Förster nimmt ein Mädchen zum ersten Rendezvous mit.
Da er den Wald gut kennt, kennt er auch die entsprechenden Plätze.
Er parkt sein Auto also an einer einsamen Stelle.
Sie lächelte ihn an: „Meine Mutter hat mir eingeschärft, zu allem Nein zu sagen, was auch immer kommen mag."
„Kein Problem", antwortet er. „Macht es Dir was aus, wenn ich meinen Arm um dich lege?"
„Äh ... Nein."
„Macht es Dir was aus, wenn ich meine Hand auf Deinen Schenkel lege?"
„N-n-nein."
Er sieht sie an und sagt grinsend: „Weißt Du, wenn du dich einfach weiter an die Anweisungen deiner Mutter hältst, werden wir beide einen Riesenspaß zusammen haben."

Der Lehrer und der Pfarrer gehen oft zur Jagd. Während der Lehrer stets leer ausgeht, gelingen dem Pfarrer jedes Mal die kapitalsten Erfolge. Eines Tages sitzen die beiden im Wirtshaus und der Lehrer fragt den Pfarrer nach seinem Erfolgsgeheimnis.

Der lächelt süffisant und antwortet: „Immer, bevor ich zur Jagd gehe, streiche ich durch den Schritt einer Frau. Wenn ich dann im Wald die Hand hebe, kommt das Wild nur so gerannt."
Der Lehrer meint verärgert. „Du immer mit deinen Jägerlatein. Aber bitte, wenn du mir die Wahrheit nicht sagen willst, dann lässt du es eben sein."
Ein paar Tage später macht sich der Lehrer wieder auf dem Weg zur Jagd. Während er seine Sachen zusammenpackt, sieht er seine Frau, wie sie kniend den Fußboden wischt. Er schleicht sich leise von hinten heran, greift ihr unter den Rock und streicht sanft durch ihren Schritt. Ohne sich umzuschauen, gurrt die Frau: „Waidmannsheil, Herr Pfarrer!"

Der Sohn des Försters, ein richtiges Landei, verbringt erstmals ein paar Tage in einem Hotel in der Stadt. Gerade, als er sich auf den Weg zum Frühstück machen will, tritt aus der Nachbarsuite ein bildhübsches Mädchen hervor, nur mit einem Morgenmantel bekleidet. Er lächelt sie verlegen an und die beiden beginnen eine Unterhaltung. Dabei verrutscht ihr Morgenmantel und der junge Mann kann erkennen, dass sie nichts darunter trägt. Er wird zunehmend nervös und versucht krampfhaft, Augenkontakt zu halten. Plötzlich legt sie ihre Hand auf seinen Arm und sagt: „Lass uns in mein Zimmer gehen, ich höre jemanden kommen …"
Gesagt, getan. Kaum hat sie die Tür geschlossen, streift sie ihren Morgenmantel ab und steht vollkommen nackt vor ihm. Herausfordernd schaut sie ihn an und fragt: „Was glaubst du, ist das Beste an mir?"
Der schüchterne junge Förstersohn stottert, schluckt ein paarmal und sagt dann: „Das Beste an dir müssen deine Ohren sein!"
Sie staunt nicht schlecht: „Warum meine Ohren? Schau dir mal meine Brüste an! Sie sind voll und garantiert silikonfrei. Mein Po ist knackig und rund. Meine Haut ist weich und ich bin vollkommen rasiert! Warum um alles in der Welt findest du meine Ohren am besten?!"

Wieder schluckt der junge Mann, bevor er antwortet: „Weil du das absolute Gehör hast. Draußen, als du sagtest, du hörst jemanden kommen – das war ich!"

Kommen drei Jäger nach einem langen Marsch an einer Weide vorbei, und sehen ein Schaf, das sich im Zaun verfangen hat.
„Ich wollte, das Schaf wäre Heidi Klum." sagt der Erste.
„Ich würde mir wünschen, es wäre Naomi Campbell." meint der Zweite.
Der Dritte grummelt: „Mir würde es schon reichen, wenn es dunkel wäre …"

Ein junger Jäger und seine Freundin werden bei einem herbstlichen Spaziergang im Wald von der Lust übermannt. Kurz entschlossen treiben sie es im Stehen an einer Eiche. Bei jeder Bewegung nickt sie zustimmend.
Er ist selig: „Das macht dir wohl großes Vergnügen!"
„Ja, schon", antwortet sie, „aber irgendwie muss auch das Ende von meinem Schal mit hineingeraten sein …"

Einer bildhübschen Blondine bleibt auf einer gottverlassenen Waldstraße der Motor ihres Autos stehen. Es dämmert bereits, doch glücklicherweise blinken unweit entfernt die Lichter eines einsamen Försterhauses.
Sie klopft und als der Förster öffnet, sagt sie: „Guten Abend! Können Sie mir bitte helfen? Mein Auto fährt nicht mehr, und es ist schon spät. Kann ich bei Ihnen übernachten, um morgen früh Hilfe zu holen?"
Der Förster überlegt kurz, dann antwortet er: „Meinetwegen können Sie hier bleiben, aber ich erwarte, dass Sie meine beiden Söhne Max und Moritz in Ruhe lassen."

Die Blondine sieht durch die Tür zwei junge Männer am Küchentisch sitzen, die sie neugierig betrachten und erklärt sich mit der Bitte des Vaters einverstanden.

Bald sind alle zu Bett gegangen, aber die junge Frau spürt ein herzhaftes Verlangen nach den beiden Naturburschen. Solche gestandene Kerle findet man in der Stadt nicht alle Tage. Also schleicht sie sich leise in deren Zimmer.

„Jungs, wollt ihr einmal so richtig Spaß haben?"

Die beiden nicken begeistert.

„Aber um eines gleich klarzustellen: Ich will nicht schwanger werden, deswegen müsst ihr diese Kondome überziehen."

Anschließend haben die drei viel Spaß, ohne dass der alte Förster etwas merkt und am anderen Tag verabschiedet sich die Blondine auf Nimmerwiedersehen.

Vierzig Jahre später sitzen Max und Moritz auf der Terrasse des alten Försterhauses und rauchen vergnügt ihr Pfeifchen.

„Max?"

„Ja, Moritz?"

„Kannst du dich noch an die Blondine erinnern, mit der wir vor vierzig Jahren ziemlich viel Spaß hatten?"

„Na klar", sagt Max, „an die kann ich mich noch gut erinnern."

„Und würde es dir noch was ausmachen, wenn sie schwanger wird?" fragt Moritz.

„Nein, das wäre mir inzwischen vollkommen egal", erwidert Max.

„Mir auch", strahlt Moritz. „Dann bin ich dafür, dass wir endlich diese Gummidinger abnehmen."

Der Jungjäger lernt in der Disco eine Frau kennen. Sie flirten heftig miteinander und nach einer Stunde ist alles klar. Die beiden gehen zusammen nach Hause und dort wird dann heftig weitergemacht.

Als die Frau mal kurz ins Bad muss, bemerkt sie, dass sie ihre Tage bekommen hat. Andererseits glaubt sie, ihr Liebhaber wäre sowieso viel zu betrunken, um das zu bemerken und begibt sich wieder ins Schlafzimmer.

Am nächsten Morgen wacht der Jäger auf und die Frau ist weg. Mit seinem schweren Kopf kann er sich an die vergangene Nacht überhaupt nicht erinnern. Er weiß nur, dass er eine Frau mit nach Hause genommen hat.

Plötzlich stellt er fest, dass das Bettlaken voll Blut ist und gerät in Panik.

„Verdammt! Was hab ich letzte Nacht nur gemacht?", überlegt er sich und stürzt erst mal zu seinem Waffenschrank, kontrolliert sämtliche Waffen und stellt fest: „Erschossen hab ich sie nicht!"

Danach rennt er in die Küche und kontrolliert seinen Messerblock. Die Messer sind alle vollzählig und es klebt an keinem Blut. Er stellt fest: „Erstochen hab ich sie auch nicht!"

Voller Verzweiflung geht er ins Bad. Ein Blick in den Spiegel und ihm wird klar: „Ich muss sie aufgefressen haben!"

> Schluchzt die verliebte junge Tochter des Jagdpächters: „Und zum Abschied schenkte er mir eine rote Rose und flüsterte mir ins Ohr, dass er zurückkäme, sobald die Rose verblüht sei!"
> „Oh, wie romantisch!"
> „Von wegen, die Rose war aus Plastik!"

Zwei Jäger lesen bei einem Ausflug in die Stadt einen Zettel vor einer Bar: „Großes Gewinnspiel! Kostenloser Sex zu gewinnen!"
Sie betreten das Etablissement und fragen den Barkeeper, was man tun muss, um zu gewinnen. „Ganz einfach. Ich denke mir eine Zahl zwischen 1 und 10. Wenn Sie die erraten, haben Sie gewonnen."

„Fünf", rät der erste Jäger. „Tut mir leid, es war die Vier. Sie haben leider nichts gewonnen."

Einige Tage später versucht es beim nächsten Ausflug der andere Jäger, auch er verliert. Darauf meint der eine: „Ich glaube, irgendetwas ist faul an dem Spiel!"

„Das glaube ich nicht", meint der andere, „meine Frau hat letzte Woche schon zweimal gewonnen ..."

„In diesem Notizbuch stehen in alphabetischer Reihenfolge die Namen aller Mädchen, die ich in meinem Leben schon vernascht habe", prahlt der alte Jäger Hans.
„Und wie heißen die ersten beiden?"
„Anna und Zenzi."

Ein junger Förster hat geheiratet. Am Hochzeitsmorgen sieht er, wie seine nackte Frau die Arme hebt, um sich zu kämmen und erblickt ihre Haarbüschel in den Achselhöhlen. „Oh Gott", sagt er entsetzt, „da sind ja noch zwei!"

Ein noch ziemlich unerfahrener Jäger befindet sich auf Bärenjagd. Nach einiger Zeit erblickt er einen imposanten Bären und schießt. Nachdem sich der Rauch verzogen hat, ist von Meister Petz allerdings nichts zu sehen. Plötzlich tippt ihm jemand an die Schulter. Hinter ihm steht grinsend der Bär und sagt: „Entweder du lässt dich von mir vögeln oder fressen!" Der Jäger antwortet verschüchtert: „Na, dann lieber vögeln." Hilflos lässt er die Dinge über sich ergehen und macht sich anschließend wütend und gedemütigt auf den Heimweg. Dabei schwört er sich, den Bären am nächsten Tag zu töten.

Bei Anbruch der Dämmerung geht er wieder in den Wald und bald kommt auch der Bär in Sicht. Der Jäger drückt ab, der Rauch

verzieht sich, der Riese ist ein weiteres Mal verschwunden. Nur, um seinem Konkurrenten nach wenigen Minuten erneut an die Schulter zu tippen und den gleichen Spruch aufzusagen wie am Tag zuvor. Erneut lässt der Jäger das unerfreuliche Geschehen über sich ergehen. Erneut macht er sich danach mit dem festen Vorsatz auf den Heimweg, dem Bären am nächsten Tag den Garaus zu machen.

Doch erneut nehmen die Dinge den gleichen Verlauf wie an den beiden vorhergehenden Tagen. Nur dass diesmal der Bär, nachdem er dem armen Jägersmann von hinten an die Schulter getippt hat, grinsend fragt: „Jetzt mal ganz unter uns: Kommst du eigentlich wirklich zum Jagen in den Wald oder bist du schwul?"

Zwei befreundete Jäger treffen sich beim Bier und berichten über ihre neuesten Erlebnisse.

Sagt der Erste: „Mensch, wenn ich dir erzähl, was ich gestern Abend erlebt habe, haut's dich aus den Socken!"

Zweiter: „Erzähl schon!"

Erster: „Du kennst doch die scharfe Bäuerin vom Schweiger-Hof?"

Zweiter: „Ja, klar. Und?"

Erster: „Naja, ich war gestern bei ihr zu Hause und wollte sie vernaschen."

Zweiter: „Ja, und dann?"

Erster: „Wir wollten gerade zur Sache kommen, da schließt jemand die Tür auf! Sie gerät voll in Panik: ‚Oh Gott, mein Mann!' Ich raus aus dem Bett und steuere zum Schrank. ‚Nein, nein', sagt sie, ‚das klappt nicht. Er ist viel zu misstrauisch!' Sag ich: ‚Was jetzt?' Sagt sie: ‚Geh schnell in die Wäschekammer. Nimm das Bügeleisen und fang an zu bügeln! Ich sage dann, du wärst der Mann vom Wäsche-Home-Service!' Ich ab wie die Feuerwehr und gebügelt und gebügelt und gebügelt. Nach drei Stunden bin ich

dann ganz leise abgehauen."

Sagt der Zweite: „Super! Die Wäsche, die du gestern gebügelt hast, hab ich vorgestern gewaschen!"

KAPITEL 10:

Der Jäger und sein Nachwuchs

Es ist unvermeidlich: Jäger und Förster müssen sich nicht nur um Wald und Wild kümmern und um die beste Frau von allen, sondern auch um den heimischen Nachwuchs. Naja, wenigstens hin und wieder. Und das kann Nerven kosten, wie die folgenden Seiten beweisen.

Die Förstergattin ruft beim Hausarzt an:
„Herr Doktor! Was soll ich nur tun? Unser Peter hat eine Patrone verschluckt."
„Bleiben Sie ganz ruhig, legen Sie ihn vorsichtig hin und warten Sie, bis ich da bin. Vor allem aber: Bitte zielen Sie auf niemanden mit ihm!"

Die kleine Enkeltochter des alten Försters beginnt jeden Abend laut zu beten, wenn sie ins Bett muss: „Lieber Gott, ich wünsche mir ein Pony!"
Irgendwann wird es ihrer Mutter zuviel und sie sagt: „Mein Schatz, warum brüllst du denn so? Der liebe Gott ist doch nicht schwerhörig!"
„Schon klar", antwortet die Kleine, „aber der Opa im Wohnzimmer ist fast taub! Und der hat viel Geld!"

„Mama, darf ich zum Bungeejumping?", fragt der kleine Förster-Toni.
„Auf keinen Fall! Dein Leben hat schon mit einem kaputten Gummi begonnen. Es soll nicht auch noch so enden."

Die Försterin redet ihrer Tochter eindringlich ins Gewissen: „Ruh'
dich nicht dauernd auf deiner faulen Haut aus, sondern streng'
dich lieber etwas mehr in der Schule an!"
Die Tochter genervt: „Dauernd liegst du mir damit in den Ohren.
Wenn ich aber nicht klug werden will? Ich will weder ordentlich
noch gescheit werden – ich will nur so werden wie Vater!"

Vater und Sohn gehen das erste Mal gemeinsam auf die Jagd. Der
Vater weist seinen Sohn an, sich im Gebüsch zu verstecken, sich
völlig ruhig zu verhalten und begibt sich auf die andere Seite der
Lichtung. Nach einiger Zeit hört er ein lautes Gebrüll. Erschrocken
läuft er zu seinem Sohn und fragt aufgelöst: „Was ist denn los? Ich
hab' dir doch gesagt, du sollst schön still sein."
„Das sagst du so einfach, Papa", antwortet der Bengel schniefend.
„Und ich habe es ja auch versucht. Ich war ganz tapfer, als eine
Kreuzotter über meine Füße schlich. Ich habe keinen Mucks
gemacht, als ein Luchs plötzlich ganz nah hinter mir stand. Ich
habe den Atem angehalten, als ein Stinktier auf meine Schulter
kletterte. Ich habe den Schmerz unterdrückt, als mich eine Biene
stach. Ich habe dem Hustenreiz widerstanden, als ich eine Mücke
verschluckt habe. Auch die Ameisen, die auf mir herumgekrabbelt
sind, habe ich ignoriert. Aber dann sind zwei Eichhörnchen in
meine Hosenbein geklettert, und als sie oben waren, sagte das
eine zum anderen: ‚Sollen wir die Nüsse hier knacken oder mit
nach Hause nehmen?' Und da, lieber Papa, war es mit meiner
Beherrschung vorbei!"

Zwei Jäger unterhalten sich.
„Ich schicke jetzt meinen Sohn auf das Gymnasium", erzählt der
eine.
„Warum das denn? Erst vor kurzem hast du mir gesagt, er soll

auch Jäger werden. Da reicht doch Realschule."
„Im Prinzip schon, aber um Jägerlatein zu lernen, brauchst du eben etwas mehr Bildung!"

„Vati, mit welchem Kaliber schießt du auf einen Fuchs?"
„Mit 3,5 Millimeter."
„Vati, wie oft kriegen Hasen im Jahr Kinder?"
„Ich schätze, so vier- bis sechsmal."
„Vati, warum haben Hirsche ein Geweih?"
„Kevin, du machst mich mit deiner dauernden Fragerei noch ganz wahnsinnig!"
„Vati, wenn du wahnsinnig geworden bist, darf ich dich dann auch einmal im Irrenhaus besuchen?"

Wundert sich Junior, nachdem ihm der Vater einen Nachmittag lang von seinen wunderbaren Jagderlebnissen erzählt hat:
„Sag mal, ärgern sich all die anderen Jäger nicht, dass sie eigentlich völlig überflüssig sind?"

Heiligabend. Langsam werden die Kinder unruhig. Ein ums andere Mal kommt die Frage: „Wo bleibt eigentlich der Weihnachtsmann?" Endlich wird es der Mutter zu bunt. Sie läuft in den Wald und ruft: „Horst-Dieter, du kommst jetzt sofort rein! Füchse schießt man nicht im Weihnachtsmannkostüm!"

Klein Rüdiger fragt seinen Vater, den Revierförster: „Papi, gibt es eigentlich schwule Adler?"
„Wie kommst du denn darauf?"
„Gestern war ein Tierfilm im Fernsehen. Und da hieß es: Wenn der Adler lang genug auf Beutejagd war, fliegt er zurück zu seinem Horst."

Der Lehrer fragt in der Schule den Sohn des Revierförsters: „Sag mal, Max, war dein Vater früher auch so ein mäßiger Schüler wie du?"
„Das weiß ich nicht, Herr Lehrer. Er hat leider all seine Zeugnisse im Wald vergraben, noch ehe ich lesen gelernt habe!"

Der besorgte Jäger in der Elternsprechstunde zur Lehrerin: „Sehen Sie denn keine Möglichkeit mehr, dass mein Sohn noch versetzt wird?"
Die verdreht die Augen: „Mit dem, was Ihr Sohn nicht weiß, könnte ich noch drei andere Schüler durchfallen lassen."

Um ihren Sohn zu motivieren, verspricht ihm die Förstergattin, dass er sich bei der nächsten guten Note ein Geschenk aussuchen dürfe. Wenige Tage später präsentiert der Junge einen Zweier in Englisch.
Stolz verkündet seine Mutter: „Prima, mein Sohn, jetzt darfst du dir etwas wünschen!"
„Juhu! Ich hätte gern ein neues Skateboard!"
„Du weißt doch, dass ich dich nicht gern mit so einem Ding herumsausen sehe", schimpft die Mutter, „wünsch dir doch bitte etwas anderes!"
Der Junge denkt ein wenig nach, dann sagt er: „Gut, dann möchte ich einen Tag lang Papa spielen."
Die Mutter wundert sich zwar ein wenig, erklärt sich aber letztlich damit einverstanden. Der Sohn zieht sich also Papas grüne Jacke über, setzt den Jägerhut auf, hängt das Fernglas um den Hals – das Gewehr ist zum Glück im Schrank verschlossen – und sagt dann: „Komm, mein Liebling. Wir fahren jetzt in die Stadt und kaufen unserem Sohn ein Skateboard."

„Wer von euch kann mir ein Element nennen?" will der Lehrer wissen.
„Bier!", ruft der Sohn vom Förster aus der letzten Reihe.
Der Lehrer verblüfft: „Aber das ist doch kein Element!"
„Aber bei uns zu Hause heißt es immer, wenn mein Vater beim Bier sitzt: Jetzt ist er wieder in seinem Element!"

Sagt der Sohn des Jagdaufsehers zu seiner Lehrerin: „Ich will Ihnen ja keine Angst machen, Fräulein, aber mein Vater hat gesagt, wenn ich diesmal kein besseres Zeugnis nach Hause bringe, dann kann sich jemand auf etwas gefasst machen."

Der Sohn vom Förster brütet über seinen Hausaufgaben. Plötzlich hebt er den Kopf und fragt seinen Vater: „Du, Papa, was ist das für ein Satz: ‚Es ist kein Bier im Haus?'"
Der Förster darauf entsetzt: „Das ist kein Satz – das ist eine Katastrophe!"

Fragt der Lehrer seine Schüler: „Wer kann mir einen Satz mit dem Wörtchen immerhin bilden?"
Meldet sich Doris: „Immerhin scheint heute die Sonne."
„Sehr gut", lobt der Lehrer, „wer von euch weiß noch einen Satz?"
Streckt der Förstersohn den Finger und sagt: „Gestern haben sich meine Mutter und unsere Nachbarin fürchterlich gestritten."
Der Lehrer verblüfft: „Und was soll das mit dem Wort immerhin zu tun haben?"
Unterbricht der Junge: „Ich bin noch nicht fertig. Ich wollte noch sagen: Da ging mein Vater immer hin!"

Der Jäger zu seinem Filius: „Und jetzt werde ich dir erzählen, was ich für ein guter Schüler war!"
„Toll, Jägerlatein hör ich immer gern, Papa!"

„Ich war heute der einzige, der eine Frage des Lehrers korrekt beantworten konnte", prahlt der Sohn vom Oberförster zu Hause. „Wunderbar mein Sohn, das freut mich", meint der Vater. „Was hat er denn gefragt?"
„Wer die Scheibe eingeworfen hat."

Abendessen im Forsthaus. Anne zupft ihren Vater ungeduldig am Ärmel. Der ermahnt sie: „Du siehst doch, ich unterhalte mich gerade mit deiner Mutter und du redest bitte nur, wenn du gefragt wirst." Zweimal will die Kleine noch etwas sagen, aber immer fährt ihr der Förster über den Mund.
Nach dem Essen wendet er sich endlich seiner Tochter zu: „So, nun bist du dran."
„Nun ist es zu spät, Vati, du hast inzwischen die Raupe auf dem Salat aufgegessen!"

Die Witwe des alten Försters zu ihrem Sohn: „Hubert, der neue Monat hat angefangen. Du musst wieder die 300 Euro vom Onkel holen."
Der Onkel gibt dem Jungen das Geld und sagt: „Mein Sohn, du bist jetzt 18 Jahre alt. Sag deiner Mutter, dies ist jetzt das letzte Mal, und dann schau mal, wie sie schaut!"
Hubert geht zu seiner Mutter und berichtet ihr von dem Gespräch. Darauf sagt sie: „Geh gleich wieder hin zum Onkel und sag ihm, du wärst gar nicht von ihm, und dann schau mal, wie er schaut!"

Die neue hübsche, aber etwas altmodische Lehrerin ist der Schwarm aller Jungs in der Klasse. Als sie etwas an die Tafel schreibt, ruft Hansi aus der ersten Bank, der freche Sohn vom Revierförster, so laut, dass es alle hören können: „Frau Lehrerin ist unter dem rechten Arm nicht rasiert!"

„Hansi", sagt sie, „das war sehr unartig! Geh nach Hause, heute will ich dich nicht mehr sehen!"

Hansi trollt sich und ist über diesen freien Tag gar nicht böse. Am nächsten Tag zeichnet die Lehrerin etwas mit der linken Hand und Hansi ruft: „Unter dem linken Arm ist sie auch nicht rasiert!"

„Jetzt reicht es mir aber", schimpft die Lehrerin. „geh nach Hause! Diese Woche brauchst du gar nicht mehr aufzutauchen. Und deine Eltern rufe ich auch an!"

Hansi erlebt drei wundervolle schulfreie Tage und darf sogar mit dem Vater in den Wald. Am Montag erscheint er wieder im Unterricht. Bis zur letzten Stunde geht auch alles gut. Da bricht der Lehrerin die Kreide ab und sie bückt sich, um sie wieder aufzuheben. „Das war's dann, Freunde", ruft Hansi und nimmt seinen Schulranzen, „ich seh' euch nächstes Schuljahr wieder!"

Im Mathe-Unterricht fragt der Lehrer den Sohn des Försters: „Dein Vater geht von A nach B und legt vier Kilometer in der Stunde zurück. Dein Onkel geht von B nach A und legt fünf Kilometer in der Stunde zurück. Wo treffen sie sich?"
Darauf der Junge: „Im der nächsten Waldkneipe!"

Schon wieder erwischt der Oberförster einen Lausbuben, der ihm die Äpfel vom Baum klauen will. Er greift sich das Bürschlein, schüttelt es kräftig durch und schließt seine Strafpredigt mit den Worten: „… denn da ist jemand, der dich beim Stehlen beobachtet.

Ein höheres Wesen, das alles sieht und so mächtig ist, dass selbst ich nur ein unwichtiger Nichtsnutz bin, der dieses Wesen fürchten muss. Und diese höhere Macht wird dir deinen Diebstahl nicht einfach so vergeben. Hast du das begriffen!"

Der Lausbub grinst: „Klar, Sie sprechen von Ihrer Frau."

KAPITEL 11:

Gesundheit, Herr Oberförster!

Jägerei und Medizin – irgendwie geht es bei beidem um Leben und Tod. Dass man die Sache aber auch von der heiteren Seite nehmen kann, beweisen die folgenden Seiten.

> „Ich bin völlig fertig, Herr Doktor. Ich habe die ganze Nacht nicht
> geschlafen, weil meine Frau so arg gehustet hat."
> „Na, da werde ich gleich mal vorbeischauen."
> „Es eilt nicht mehr, Herr Doktor. Ich muss heute zum Glück auf die
> Jagd und bin ein paar Tage unterwegs."

Der Jungjäger ist über und über mit Mückenstichen bedeckt, die er
sich auf dem Hochsitz zugezogen hat. Der Arzt reibt ihn kräftig mit
Alkohol ein. Als sein Patient am nächsten Tag zur
Nachuntersuchung kommt, fragt der Doktor: „Na, hat's was
geholfen?"
„Schwer zu sagen, Herr Doktor, einige Mücken saßen heute früh
auf der Bettkante und sangen Karnevalslieder."

> Der Förster hat sich bei einem Sturz vom Hochsitz das Bein
> gebrochen. Seine Gehilfen beraten, wie man es seiner Frau
> langsam und behutsam beibringen solle. Endlich schlägt einer vor:
> „Wir schicken ihr den Olli. Der stottert."

Ein übergewichtiger Jäger kommt zum Arzt und fragt, ob dieser
nicht eine Diät wisse, die überflüssigen Pfunde loszuwerden. Der
Doktor nickt nur kurz und gibt ihm dann den folgenden Rat: „Sie

sind doch Jäger. Wenn Sie sich nur von dem Wild ernähren, das Sie selber schießen, verschwinden Ihre Pfunde innerhalb kürzester Zeit."

Der pensionierte Förster ist krank und geht deshalb zum Arzt. Der verschreibt ihm ein paar Zäpfchen! Zu Hause angekommen, fragt er seine Frau: „Du, Margit, weißt du, wie man das einnimmt?"
Seine Frau: „Nein, das weiß ich nicht. Geh einfach ins Dorf runter und ruf den Doktor an!"
Daraufhin geht der Förster, der kein Handy besitzt und in seinem Waldhäuschen keinen Telefonanschluss hat, fünf Kilometer ins Dorf zur letzten verbliebenen Telefonzelle und ruft den Arzt an. Als er zurückkommt, fragt ihn seine Frau: „Und, was hat er gesagt?"
Förster: „Dass ich es anal einnehmen muss. Weißt du, was das ist?"
Antwortet die Frau: „Keine Ahnung, geh nochmal, und frag den Doktor, was das heißt!"
Der Förster geht wieder die fünf Kilometer ins Dorf. Als er zurückkommt, meint er zu seiner Frau: „Er sagt, das ist das Gegenteil von oral; weißt du, was oral ist?"
„Nee, keine Ahnung!"
Also geht er wieder ins Dorf und ruft den Doktor nochmal an. Der antwortet ziemlich genervt und weil wohl sein Patient keine andere Sprache versteht: „Du sollst es dir in den Arsch schieben!"
Als der Förster wieder heimkommt, fragt ihn seine Frau: „Und, was hat er jetzt gesagt?"
Der Förster seufzt: „Jetzt ist er auch noch böse auf mich!"

Mitten im Sommer. Beim Arzt läutet das Telefon. Er hebt den Hörer ab, und sein Stammtischbruder, der Förster, ist dran:
„Hallo Kläuschen, meine Frau hat sich den Kiefer ausgerenkt. Also falls du im Laufe des nächsten Jahres in der Gegend bist, wäre es nett, wenn du mal vorbeikommen könntest …"

Förster: „Der Zahnarzt hat mir heute den falschen Zahn gezogen."
Försterin: „Das ist doch normal bei dir! Sobald du den
Mund aufmachst, kommt was Verkehrtes raus."

Es läutet an der Haustür. Der junge Forstgehilfe öffnet. Seine Frau
steht vor der Tür und sagt:
„Ich war gerade zur Untersuchung beim Frauenarzt. Möchtest du
uns nicht hereinlassen …?"

Schimpft des Jägers Weib: „Ich bete die ganze Zeit, dass du
endlich von deinem Rheuma befreit wirst, und du läufst ohne lange
Unterhosen auf den Ansitz! Wie soll mich da der liebe Gott ernst
nehmen?"

Die Frau des Försters geht zum Arzt und sagt: „Mein Mann sagt,
ich sei in letzter Zeit so komisch und hat mich deshalb zu Ihnen
geschickt."
Nach der Untersuchung meint der Arzt: „Sie leiden unter
Porzellanphobie!"
Sie geht nach Hause und sagt zu ihrem Mann: „Ich habe
Porzellanphobie!"
Der Förster versteht kein Wort: „Porze… was?"
Seine Frau: „Ich weiß auch nicht, was das ist."
Sie recherchieren im Internet, können aber nichts finden. Also geht
der Förster selbst zum Arzt und fragt: „Was hat meine Frau? Was
bitte ist Porzellanphobie?"
Arzt: „So etwas gibt es eigentlich gar nicht!"
Förster: „Warum haben Sie dann meiner Frau gesagt, sie leide darunter?"
Arzt: „Ich hätte ihr ja schlecht sagen können, dass sie
nicht mehr alle Tassen im Schrank hat!"

Der alte Oberförster weiß, dass er nur noch kurze Zeit zu leben hat. Sein Arzt kann ihm auch nicht mehr helfen, will ihn aber ein bisschen aufmuntern.

„Hm", meint er, „der Puls ist gut, das Herz ist ausgezeichnet, die Lungen arbeiten tadellos, das Fieber scheint zu sinken …"

Da unterbricht ihn der Todkranke und röchelt mühsam: „Mit einem Wort: Ich werde bei bester Gesundheit sterben."

„Hans, dein Arzt, hat angerufen", berichtet die Frau des Försters.

„Er macht sich Sorgen wegen deines Gewichtes!"

„Ja und? Was gehen mich die Sorgen des Doktors an?"

Der alte und schwer kranke Oberförster wird ins Krankenhaus eingeliefert. Mit Mühe kann er noch sagen: „Legen Sie mich auf die dritte Klasse!"

„Ja, haben Sie denn keinen, der für Sie sorgt?", fragt mitleidig die Schwester in der Aufnahme.

„Nur meine Schwester, aber die ist sehr arm, sie ist Nonne."

„Aber eine Nonne ist nie arm!" ruft empört die Schwester, „sie ist doch mit dem Herrgott vermählt."

„Na, dann ist es ja gut", haucht der Patient erleichtert, „dann legen Sie mich erster Klasse und schicken Sie die Rechnung an meinen Schwager."

Völlig aufgelöst kommt Jagdgehilfe Heller zum Arzt und erzählt atemlos: „Stellen Sie sich vor, Herr Doktor, ich gehe mit meiner Frau im Wald spazieren, da stolpert sie und fällt hin."

„Du meine Güte!"

„Das ist noch nicht alles. Sie rutscht die Böschung hinunter und fällt in den Bach."

„Oh je!"

„Es geht noch weiter. Ich rette sie und stelle fest, sie hat ihre
Sprache verloren. Sie ist stumm, Herr Doktor, total stumm!"
„Was für ein Schicksal!"
„Ja, Herr Doktor. Aber Sie wissen ja: Ein Unglück kommt selten
allein: Jetzt redet sie wieder!"

Händeringend fleht die Dame um ärztlichen Beistand: „Bitte, Herr
Doktor, Sie müssen meinem Mann helfen. Er hat einen
ausgesprochenen Jagdtick! Kaum eine Woche vergeht, in der er
nicht wenigstens ein Zebra oder einen Löwen oder etwas
Ähnliches erlegt!"
„Das ist doch schön, wenn er so erfolgreich auf Safari geht", meint
der Arzt leicht verwundert.
„Was heißt da Safari!", schluchzt die Dame auf. „Er schießt sie alle
im Tierpark!"

Der zerstreute alte Oberförster kommt gebückten Ganges zum
Arzt. „Herr Doktor, was soll ich nur tun? Ich kann nicht mehr
aufrecht gehen!"
Der Arzt nach der Untersuchung: „In erster Linie rate ich Ihnen,
den obersten Hosenknopf aus dem dritten Knopfloch Ihrer Weste
zu lösen!"

Der Arzt schüttelt den Kopf. „Junger Mann, Sie brauchen viel mehr
Bewegung. Sie sollten jeden Tag mindestens eine Stunde
spazieren gehen."
„Hm, wann wäre denn die beste Zeit? Bevor ich meine tägliche
Waldinspektion mache oder hinterher?", erkundigt sich der
Forstgehilfe.

Der alte Oberförster bittet seinen Landarzt, ihm ein wichtiges Schriftstück ans Landratsamt aufzusetzen, der könne das besser. Der Doktor tut's und fragt den Patienten, nachdem er ihm den Brief vorgelesen hat:

„Soll ich noch etwas hinzufügen?"

„Ja!", bittet der alte Mann. „Schreiben Sie noch, der Herr Landrat möge die unleserliche Handschrift entschuldigen."

„Ihr Mann geht also immer noch so oft in die Kneipe?", fragt der Hausarzt die Frau des Försters.

„Ja, Herr Doktor. Was kann ich bloß dagegen tun?"

„Ganz einfach. Wenn er heimkommt, sagen Sie: Bist du das, Heinz?",

„Aber Herr Doktor. Sie wissen doch: Mein Mann heißt Wolfgang."

„Eben, darum!"

Der Landarzt geht am Wochenende mit Freunden zur Jagd. Als er nach Hause kommt, fragt ihn seine Frau:

„Na mein Schatz, wie war's denn dieses Mal? Hattest du Waidmannsheil?"

„Es ist prima gelaufen", antwortet er, „zwei Fasane, eine Wildente und zwei neue Patienten."

Das Telefon läutet im Forsthaus und die Förstergattin ist am Apparat: „Ja bitte?"

„Ich möchte bitte gerne Frau Müller sprechen!"

„Ich bin selbst am Apparat."

„Guten Tag, Frau Müller, hier spricht Dr. Scholz vom Sankt-Vinzenz-Laboratorium. Wir haben gestern die Blutprobe Ihres Gatten von Ihrem Hausarzt erhalten und haben jetzt insofern ein Problem, als wir gleichzeitig eine Blutprobe von einem anderen Herrn Müller erhalten haben. Jetzt wissen wir nicht mehr, welches die Blutprobe Ihres Gatten ist. Leider sind beide

Untersuchungsergebnisse sehr schlecht ..."

„Was meinen Sie damit?" fragt die Frau des Försters, ziemlich aufgeregt.

„Nun, das eine Testergebnis ergab ein positives Resultat für Alzheimer und der andere Test ein positives Ergebnis für Aids. Wir können Ihnen aber leider nicht sagen, welches Testergebnis zu Ihrem Gatten gehört!"

„Ja, kann man denn den Test denn nicht nochmals machen?", stammelt die Frau.

„Ja, das könnte man prinzipiell schon machen, aber die Krankenkasse ist nicht bereit, diesen sehr teuren Test zweimal zu bezahlen!"

„Um Gottes Willen, was soll ich denn jetzt nur machen?"

„Nun, wir schlagen vor, Ihren Mann irgendwo mitten im Wald auszusetzen!"

„Ja und?"

„Nun, falls er wieder nach Hause findet, sollten Sie besser keinen ungeschützten Sex mehr mit ihm haben!"

„Bei Ihrer Gattin scheint eine kleine Angina im Anmarsch zu sein", diagnostiziert der Arzt dem Jagdgesellen.

„Du meine Güte, Herr Doktor! Wir haben doch schon vier Kinder!"

„Hat Ihre Frau auf Ihr blaues Auge kalte Umschläge gemacht?", fragt der Arzt den Hobbyjäger.

„Nein, Herr Doktor, nur dumme Sprüche!"

KAPITEL 12:

Na denn Prost!

Nicht umsonst folgt auf das Kapitel über Gesundheit ein Kapitel über dessen größten Feind, den Alkohol. Und ebenfalls nicht umsonst heißt einer der berühmtesten Schnäpse „Jägermeister". Machen wir uns nichts vor: Jäger heben nun mal gern einen. Das unterscheidet sie nicht von Menschen, die sich in ihrer Freizeit zum Singen, Kegeln oder Kartenspielen treffen. Dass Alkohol jedoch manchmal den Blickwinkel aufs eigentliche Zielobjekt leicht verändern kann, unterstreichen wir mit den folgenden Witzen.

„Trinken", sinniert der alte Oberförster, „tue ich eigentlich nur, wenn ich Kummer habe oder mich sehr freue. Und außerdem nehme ich gern einen zur Brust, wenn ich mich einsam fühle. Und natürlich wird auch das ein oder andere Fläschchen geöffnet, wenn Gäste zu Besuch kommen. Natürlich gilt auch die Regel: Kein Bier vor vier. Wobei ich es mit der Uhrzeit nicht ganz so enau nehme. Aber ansonsten rühre ich keinerlei Alkohol an. Es sei denn, ich habe schrecklichen Durst."

„Helmut", ermahnt die Förstergattin ihre bessere Hälfte, „eine innere Stimme sagt mir, dass du zu viel trinkst."
„Was", seufzt der Förster, „eine innere Stimme hast du auch noch?"

Während einer Jagdpause:
„Was würdest du zu einem Schnaps sagen?"
„Nichts, ich würde ihn trinken!"
Müller kommt schweißgebadet in die Jagdhütte: „Himmel, war das heute eine anstrengende Nachsuche."

Die Frau des Jagdpächters beeilt sich zu beschwichtigen: „Sie Armer! Ich hole Ihnen schnell ein Glas Wasser."
Müller: „Ach, lassen Sie mal! Ich bin vor allen Dingen durstig, der Schmutz ist nicht so schlimm."

Auf dem Ansitz: „Robert, hast Du zufällig ein Glas mit?"
„Nein, ich trinke immer direkt aus der Flasche."

Arzt: „Ich warne sie, Sie werden nicht alt, wenn sie den Alkohol nicht aufgeben!"
Förster Müller nickt zustimmend: „Da haben Sie ganz recht. Herr Doktor, ein guter Tropfen hält jung."

„So, nun wollen wir den Bock erst mal ordentlich tottrinken! Was soll ich aus dem Keller holen: Chablis, Boxbeutel, Mosel, einen Saar-Ruwer, Pfälzer oder einen Italiener?"
„Bruno, die Reihenfolge gefällt mir!"

Ein Engländer weilt zur Jagd in Schottland. Da fällt ihm ein Treiber auf, der trotz eisiger Kälte ohne Kopfbedeckung herumläuft. Voller Mitleid schenkt er ihm eine Mütze mit Ohrenklappen. Im Jahr darauf begegnet ihm der Treiber wieder. Und wieder ohne Mütze.
„Wo ist denn die Pelzkappe, die ich dir geschenkt habe?"
„Sie hat mir großes Unglück gebracht, darum trage ich sie nicht mehr."
„Was denn für Unglück?" erkundigt sich der Engländer.
„Ein Jagdgast lud mich zum Whisky ein, und ich habe es wegen den Ohrenklappen überhört."

„Johannes, Johannes", beschwert sich die Jägersfrau, „nun hast du die Rumflasche doch mit auf den Bockansitz genommen. Die sollte doch stehen bleiben, falls jemand krank wird!"

„Ich war krank", antwortet ihr Mann, „ich wollte dich nur nicht beunruhigen."

Der Jäger geht zum Jagdhornblasen. „Schatz, heute könnte es etwas später werden. Paul hat seinen Fünfzigsten, und das muss natürlich gefeiert werden. Und vorher haben wir ja auch noch Probe." „Was wollt ihr denn noch proben?" fragt seine Frau. „Saufen könnt ihr doch alle schon ganz gut."

Zwei Jäger haben nach einem Tag auf dem Hochsitz ordentlich gebechert. Gerade als sie sich entschließen, nach Hause zu gehen, gleitet über sie ein Drachenflieger hinweg.
„Ein Adler, leg an!", ruft der eine. Der andere drückt ab.
Fragt der erste: „Hast du ihn getroffen?"
„Ich glaube nicht, aber immerhin hat er seine Beute fallen lassen."

„Wie geht´s denn Ihrem Mann, Frau Feldbaum?"
„Gar nicht so gut, er kam von der Bockjagd völlig nüchtern nach Hause. Daraufhin hat ihn unser Jagdterrier nicht erkannt und ins Bein gebissen."

Er kommt mit reichlich Promille vom Jägerstammtisch nach Hause. Seine Ehefrau empfängt ihn an der Haustür mit dem Nudelholz. „Das ist ja mal wieder typisch", lallt er. „Nichts zu trinken im Haus und du kaufst neue Möbel."

Der Förster wacht völlig verkatert auf. Er zwingt sich, die Augen zu öffnen und blickt zuerst auf eine Packung Aspirin und ein Glas Wasser auf dem Nachttischchen. Er setzt sich auf und schaut sich um. Über einen Stuhl hängt seine gesamte Kleidung, schön zusammengefaltet. Er registriert verwundert, dass im

Schlafzimmer alles sauber und ordentlich aufgeräumt ist. Und so sieht es in der ganzen Wohnung aus.

Er nimmt die Aspirin und bemerkt einen Zettel auf dem Tisch: „Liebling, das Frühstück steht in der Küche, ich bin schon früh, raus, um einkaufen zu gehen. Ich liebe dich!"

Also geht er in die Küche und tatsächlich – da steht ein fertig gemachtes Frühstück, und die Morgenzeitung liegt auf dem Tisch. Außerdem sitzt da seine Tochter und frühstückt gemütlich. Der Förster fragt sie: „Mein Schatz, was ist gestern eigentlich passiert?"

Seine Tochter antwortet: „Tja, Papa, du bist um drei Uhr früh von eurem Jagdstammtisch heimgekommen, total besoffen und eigentlich schon halb bewusstlos. Du hast ein paar Möbel demoliert, in den Flur gekotzt und hast dir fast ein Auge ausgestochen, als du gegen einen Türgriff gelaufen bist."

Verwirrt fragt der Förster weiter: „Und warum ist dann alles hier so aufgeräumt, meine Klamotten sauber zusammengelegt und das Frühstück so liebevoll bereitet?"

„Ach das!", antwortet ihm seine Tochter grinsend. „Mama hat dich ins Schlafzimmer geschleift und aufs Bett gewuchtet, aber als sie versucht hat, dir die Hose auszuziehen, hast du gesagt: ‚Hände weg, du Nutte, ich bin glücklich verheiratet'."

Ergebnis:

Ein selbstverschuldeter Kater: 100 Euro.

Kaputte Möbel: 300 Euro.

Frühstück: 15 Euro.

Im richtigen Moment das Richtige gesagt: unbezahlbar!

Der Arzt zum Förster: „Wenn Sie noch eine Zeit lang leben wollen, müssen Sie aufhören zu trinken!"

Der Förster winkt resigniert ab. „Dazu ist es jetzt zu spät."

„Zum Aufhören ist es nie zu spät!"

„Na, dann hat es ja noch Zeit …"

Was muss ein Jäger trinken, damit er 0,5 Promille hat?
Drei Tage lang gar nichts.

KAPITEL 13:

Tiere im Jagdrevier

Wäre es nicht spannend zu wissen, was sich Tiere manchmal so denken? Worüber sie sich unterhalten? Wie sie so sind? Natürlich wird das ein ewiges Geheimnis bleiben. Aber in unseren Witzen können wir so tun, als ob. Wobei uns natürlich besonders die Tiere interessieren, die mit der Jägerei zu tun haben. Dass dieses Kapitel direkt auf das Thema Alkohol folgt, kann purer Zufall sein. Oder auch nicht.

Was bestellt ein Hase in der Kneipe?
Jägerschnitzel!

Treffen sich zwei Jagdhunde. Klagt der eine: „Ich habe diese ewige Herumrennerei und Hasenjagd satt. Der Jäger nutzt mich nur aus."
„Dann beschwer dich doch mal mit einem Brief beim Tierschutzverein", erwidert der andere.
„Bist du verrückt? Wenn der Jäger merkt, dass ich schreiben kann, muss ich auch noch den ganzen Bürokram machen!"

Zwei Ricken stehen auf einer Lichtung und plaudern miteinander. Plötzlich kommt ein schöner Sechsender des Weges. „Das ist mein Mann", sagt die eine stolz, um nach einer kleinen Pause

seufzend zu ergänzen: „So ein schöner Mann, aber eben immer derselbe."

Grinst die andere: „Tja, ich mache das ganz anders. Ich nehme mir jedes Jahr einen Bock, der zum Abschuss freigegeben ist."

Ein österreichischer und ein deutscher Fuchs schleichen durch den Wald. Plötzlich treten sie nahezu zeitgleich in zwei Fangeisen. Der österreichische Fuchs beginnt zu winseln: „Was mach i jetzt bloß?"

Der deutsche Fuchs überlegt einen Augenblick: „Bevor der Förster kommt und uns erschießt, beiße ich mir lieber das Bein ab und mache mich davon."

Es dauert ein paar Minuten, dann hat sich der deutsche Fuchs das Bein abgebissen und humpelt davon, wenn auch unter großen Schmerzen. Er versteckt sich im Unterholz und wartet auf den österreichischen Fuchs. Er wartet und wartet, doch als sein Freund nach einer halben Stunde noch nicht erscheint, humpelt er notgedrungen zu ihm zurück.

Der hockt immer noch in der Falle und jammert flehentlich: „Was soll i bloß tun? Jetzt hab mir scho drei Hax'n abgebissen und häng' trotzdem noch fest!"

Hase, Fuchs und Bär bekommen ihren Einberufungsbefehl, wollen aber nicht zum Militär. Am Tag der Musterung suchen sie Auswege aus der Misere.

Dem Hasen kommt die erste Idee: „Ein Fuchs ohne buschigen Schwanz ist kein richtiger Fuchs." Schweren Herzens wird dem Fuchs der Schwanz abgeschnitten.

Nach einer halben Stunde kommt er von der Musterung zurück und strahlt, wenn auch unter Schmerzen, über das ganze Gesicht: „Hurra, ich bin ausgemustert!"

Nach der gleichen Methode wird auch mit dem Hasen verfahren: „Ein Hase ohne Löffel ist kein richtiger Hase." Und so werden ihm seine langen Ohren abgeschnitten. Eine halbe Stunde später hat auch er es geschafft: „Ausgemustert!"

Beim Bären verhält sich die Sache etwas komplizierter. Doch der Hase hat auch hier eine Idee. „Was ist ein richtiger Bär ohne seine gefährlichen Zähne?"

Der Fuchs nimmt einen Stein, holt aus und schlägt dem Bären die Zähne aus. So geht es zur Musterung. Eine halbe Stunde später kommt Meister Petz ziemlich deprimiert zurück: „Aufgemuftert ..."

„Ja und warum freust du dich nicht?", fragen die beiden anderen.

„Tfu groff und tfu dick ..."

Ein Hase hat die ganze Nacht durchgefeiert und legt sich schließlich im Vollrausch schlafen. Kommen zwei Wölfe vorbei und streiten sich darum, wer den Hasen bekommt. Sie raufen sich solange um den alten Trunkenbold, bis sie sich schließlich gegenseitig totgebissen haben. Am anderen Morgen wacht der Hase auf und sieht die beiden toten Wölfe neben sich liegen. Er schüttelt entsetzt den Kopf und meint: „Was habe ich da in meinem besoffenen Kopf nur wieder angestellt?"

„Hallo Häschen!"

„Hallo Hirsch!"

„Was machst Du denn hier so alleine am Waldesrand?"

„Ooooch ... ich sitze hier, schaue mir die Gegend an, feile mir die Nägel, und wenn der Wolf kommt, dann haue ich ihm aber sowas von aufs Maul!"

Mitleidig schüttelt der Hirsch seinen Kopf und geht seiner Wege. Bald darauf kommt der Fuchs vorbei.

„Hallo Häschen!"

„Hallo Fuchs!"

„Was machst Du denn hier so ganz verlassen am Waldesrand?"

„Ooooch … ich sitze hier, schaue mir die Gegend an, feile mir die Nägel, und wenn der Wolf kommt, dann haue ich ihm aber voll eine aufs Maul!"

Der Fuchs tippt sich an die Stirn und geht weiter.

Wenig später kommt der Wolf des Weges.

„Hallo Häschen!"

„Hallo Wolf!"

„Na, was treibst du so den ganzen Tag?"

„Ooooch … ich sitze hier, schaue mir die Gegend an, feile meine Nägel und rede ab und zu dummes Zeug …"

Im Selbstbedienungsladen des Waldes, in dem alle Tiere einkaufen, hat sich schon am frühen Morgen eine große Warteschlange gebildet. Häschen kommt angerannt und arbeitet sich mit dem Ellbogen zum Eingang, an dem der Bär steht.

Der Bär ist empört: „Häschen, der Anfang der Schlange ist dort hinten. Ab mit dir!"

Das Häschen verdrückt sich. Am nächsten Tag ist die Schlange noch länger. Häschen kommt, drängelt sich nach vorne.

Der Bär wird noch wütender: „Habe ich dir gestern nicht schon gesagt, dass das Ende der Schlange dort hinten ist? Aber Dalli!"

Und wieder verschwindet das Häschen.

Am nächsten Tag reicht die Schlange schon fast bis zum Dorf.

Und wieder drängelt sich Häschen nach vorne. Und wieder wartet der Bär:

„Also wenn du nicht langsam lernst, wo das Ende der Schlange ist, gebe ich Dir eine Ohrfeige!"

Resigniert antwortet Häschen: „Na gut, dann mache ich heute den Laden wieder nicht auf."

Ein Jäger geht mit seinem Hund ins Kino. Der amüsiert sich köstlich über den Film und lacht und lacht. Da dreht sich eine Dame verwundert zu dem Herrn um: „Sie haben aber einen seltsamen Hund."

„Ich wundere mich auch schon die ganze Zeit", erwidert der Förster. „Das Buch hat ihm nämlich überhaupt nicht gefallen."

Vor dem Bau spielen drei Jungfüchse. Kommt ein Rammler vorbei und ruft ihnen zu:
„Eure Mutter vernasche ich auch noch!"
Aufgeregt laufen die Jungen zur Mutter und berichten ihr. Die Fähe ganz ruhig:
„Erstens: Der Hase ist doof! Und zweitens: Was ‚vernaschen' bedeutet, erkläre ich euch, wenn ihr groß seid."
Am nächsten Tag wiederholt sich das gleiche Spiel. Und wieder petzen die Jungfüchse aufgeregt ihrer Mutter. Die wird langsam ärgerlich:
„Wenn dieser unmögliche Hase morgen wieder vorbeikommt und einen solchen Unsinn redet, kommt er morgen Abend in die Pfanne."
Am dritten Tag kommt es trotzdem wieder zur selben Prozedur.
Die Füchsin springt aus dem Bau. Der Hase gibt das berühmte Panier. Es kommt zu einer wilden Verfolgungsjagd, die an einem umgestürzten, hohlen Baumstamm endet. Der Hase springt hinein, die Füchsin ihm nach. Doch sie hat nicht bedacht, dass der Hase wesentlich kleiner ist und bleibt mit dem Kopf voraus stecken.
Der Hase krabbelt am anderen Ende aus dem hohlen Stamm, stellt sich hinter die Füchsin, spuckt in die Hände und sagt zu seinem wehrlosen Opfer: „Eigentlich hatte ich heute etwas anderes vor, aber schließlich habe ich es deinen Kindern versprochen!"

Ein Kaninchenpaar wird von Jagdhunden über Felder und Wiesen gehetzt. Auf den letzten Drücker können sie in ein Erdloch entkommen. „Was sollen wir nur tun?", flüstert sie.
Er: „Ganz einfach, mein Liebling: Wir machen solange, bis wir ihnen zahlenmäßig überlegen sind!"

Der Revierförster hat sich dazu entschlossen, einen Beitrag zum Umweltschutz zu leisten. Deswegen stellt er für seine Tiere selbstgezimmerte Toiletten auf. Alle Tiere des Waldes sind davon sehr angetan und der Förster ist mächtig stolz auf sein Werk. Eines Tages jedoch sieht er bei einem Kontrollgang einen Hasen, der reichlich ungeniert sein Häufchen mitten auf den Waldweg setzt. Der Förster stellt ihn zur Rede, doch das Häschen verteidigt sich: „Ach, Förster, wenn du wüsstest! Eine ganze Zeitlang habe ich deine tolle Toilette gern benutzt. Doch neulich, wie ich da so sitze, kommt der Bär und setzt sich neben mich. Ein paar Minuten hat er mich so gemustert und plötzlich fragt er mich: ,Sag mal, Häschen, fusselst du?' Natürlich habe ich ,Nein' gesagt. Da packt mich dieser Wüstling und wischt sich den Hintern mit mir ab. Kannst du jetzt verstehen, warum ich seitdem lieber wieder ins Freie gehe?"

Ein Vogel und eine Schlange treffen sich auf einem Waldweg.
Fragt der Vogel: „Wie geht´s denn so?"
Antwortet die Schlange: „Ach, ganz gut. Man schlängelt sich so durch. Und wie geht´s dir?"
Da wird der Vogel rot bis zur Schnabelspitze und fliegt davon …

Der Förster sitzt mit seinem Hund vor der Glotze und schaut sich einen Western an. Nach einer Weile sagt er: „Schau mal Rex, der blöde Cowboy spricht mit seinem Pferd!"

Treffen sich zwei Jagdhündinnen.
„Na, wer bist denn du?"
„Ich bin adelig und heiße Mona vom Schlosspark. Und du?"
Darauf die andere: „Ich bin auch adelig, ich heiße Runter vom Sofa!"

Die Katzen eines Försters, eines Chemikers und eines Filmregisseurs sitzen vor ihrem getrockneten Katzenfutter. Die Försterkatze baut daraus eine Jagdvilla mit Haupthaus, Seitenflügeln und Garage. Dann frisst sie alles auf. Die Chemikerkatze zerstößt das Futter mit einem Mörser, vermischt es miteinander, löst es in diversen Flüssigkeiten, erhitzt, filtriert und destilliert es und frisst es dann auf. Die Katze des Filmregisseurs pulverisiert das Futter mit einer Rasierklinge, zieht es sich durch einen zusammengerollten Hunderter in die Nase und brüllt die beiden anderen Katzen genervt an: „ICH KANN SO NICHT ARBEITEN!!!"

Der Hase wird im Wald vom Bären verfolgt, der ihn fressen will. Er hält schon sein letztes Stündlein für geschlagen, als plötzlich hinter einem Baum eine wunderschöne Fee hervortritt und jedem der beiden drei Wünsche gewährt. Der Bär muss nicht lange überlegen, er wünscht sich, dass alle Bären des Waldes mit Ausnahme von ihm Weibchen sein sollen. Die Fee schwingt ihren Zauberstab – und so geschieht es.
Der Hase muss ein bisschen länger überlegen, dann wünscht er sich einen Sturzhelm. Die Fee ist ein wenig irritiert, aber was soll's: Binnen Sekunden hat der Hase seinen Sturzhelm.
Jetzt ist wieder der Bär dran, und ein wenig einfallslos wünscht er sich, dass auch die Bären im Nachbarwald Weibchen sein sollen. Gesagt, getan.

Der Hase wiederum möchte als Zweites ein Motorrad haben. Erneut wundert sich die Fee, aber erfüllt dem Kleinen seinen Wunsch. Ganz zum Schluss beschließt der Bär, dass er der einzig männliche Bär auf der ganzen Welt sein möchte. Kopfschüttelnd wird ihm auch dieser Wunsch erfüllt.

Und der Hase? Er setzt seinen Helm auf, startet sein Motorrad, sagt: „Liebe Fee, ich wünsche mir, dass der Bär schwul wird", und braust davon …

Zwei Haie treffen sich im Ozean. Der eine vor Hunger schmachtend und schwach, der andere hochzufrieden grinsend und schmatzend.

„Hey Kumpel", sagt der Erste, „wo hast du denn das Futter her? Ich sterbe vor Hunger!"

„Hmmm", schwärmt der andere, „da drüben ist ein Luxusdampfer untergegangen. Ich hab einen Professor erwischt. Der hatte soooo ein großes Gehirn. Wenn du dich beeilst, findest du bestimmt auch einen leckeren Happen."

Kurz darauf treffen sich die beiden wieder. Auch der erste Hai kaut nun zufrieden die letzten Reste seiner Mahlzeit.

„Na, auch einen Professor gefunden?"

„Nein, aber einen Jäger."

„Wieso Jäger, haben die auch ein großes Gehirn?"

„Das nicht, aber eine soooo große Leber."

Beim Förster klopft es an der Tür. Er öffnet und traut seinen Augen kaum. Vor der Tür sitzt eine Schnecke und fragt: „Kann ich bitte ein Glas Wasser haben?"

Der Förster packt die Schnecke und wirft sie weg.

Zwei Wochen später klopft es wieder an der Tür des Försters, er

macht auf und sieht wieder die Schnecke.
Stinksauer schreit sie ihn an: „Sag mal, was sollte das denn
gerade?"

KAPITEL 14:

Angler – die etwas anderen Jäger

Eigentlich tun Angler und Jäger so ziemlich das Gleiche: stundenlang herumsitzen und warten, dass das Objekt der Begierde des Weges kommt. Diese lange Warterei mag auch ein Grund dafür sein, dass genug Zeit bleibt, sich verrückte Geschichten auszudenken. Auf diese Weise entstanden Anglerlatein und Jägerlatein. Doch nun wollen wir die Angel auswerfen, um ein paar Anglerwitze zu fischen.

Eine Passantin stellt sich neugierig hinter einen Angler und fragt:
„Und, beißen die Fische?"
Der Angler antwortet genervt: „Nein, Sie können sie ruhig streicheln!"

„Haben Sie die Fische, die Sie hier im Eimer haben, alle allein gefangen?"
„Nein, ich hatte einen Wurm, der mir dabei half."

„Sag mal Vati, schlafen die Fische auch?"
„Natürlich! Dazu haben sie ja das Flussbett!"

„Wo kommst du her"?
„Vom Angeln!"
„Was hast du geangelt?"
„Hechte."
„Wie viele hast du gefangen?"
"Keinen einzigen"
"Woher weißt du dann, dass du Hechte geangelt hast?"

Hobbyangler Ewald auf dem Fischmarkt zum Verkäufer: „Fünf frische Forellen bitte! Einpacken brauchen Sie sie nicht. Werfen Sie sie mir einfach zu, damit ich zu Hause sagen kann, dass ich sie selbst gefangen habe!"

„Seit wann hast Du denn Karpfen in deinem Gartenteich?"
„Seit voriger Woche. Zuerst wollte ich mir Hühner zulegen. Aber dann habe ich gelesen, dass ein Karpfen über 500 000 Eier im Jahr legt."

„Kann ich auf Ihrem Acker einige Würmer zum Angeln suchen? Ich gebe Ihnen später einen Fisch dafür!"
„Und wenn Sie nichts fangen?"
„Dann bekommen Sie Ihre Würmer wieder zurück!"

Eines Tages ist in der Klosterküche Mittagessen übrig geblieben. Die Oberin bringt es den Anglern, die am Klosterweiher sitzen, will aber vorher herausfinden, ob sie auch religiös sind.
„Kennst du Johannes, den Täufer?", fragt sie den ersten.
„Nein", sagt der und ruft seinem Nachbarn zu:
„Klaus, kennst du Johannes den Täufer?"
„Nein, Robert, warum?"
„Ach", sagt der erste, „seine Alte ist hier und will ihm das Essen bringen."

Rennt ein Mann am Fluss entlang. Bei einem Angler hält er an und fragt: „Ist meine Frau hier vorbei gekommen? Sie ist blond und trägt ein rotes Kleid."
„Ja", sagt der Angler, „vor ein paar Minuten."
„Gott sei Dank, dann kann sie ja noch nicht so weit sein!"
„Glaub ich auch nicht! Bei der schwachen Strömung!"

Der Sohn zu seinem Vater: „Komm schnell, Mutter liegt ohnmächtig im Wohnzimmer! Sie hat einen Zettel in der Hand und ein längliches Paket neben sich."
„Na, endlich", strahlt der Vater, „meine Angelrute ist angekommen."

Fritz merkt, wie ihm durch stundenlanges Stehen beim Angeln allmählich die Zehen einschlafen. Er tritt von einem Fuß auf den anderen. Wirft ihm sein Angelkamerad einen bösen Blick zu: „Angelst du oder machst du Stepptanz?"

„Sagen Sie, Frau Uhl, warum geht Ihr Mann eigentlich im Matrosenanzug in den Wald, er ist doch Jäger?"
„Ganz einfach: Wenn die Rehe ihn im Matrosenanzug sehen, denken sie, er geht zum Angeln!"

Kommt ein Mann von der Arbeit nach Hause und sagt zu seiner Frau: "Ich geh heute noch angeln!"
Sagt sie: "Ja ich weiß, die Forelle hat schon dreimal angerufen!"

„Vorsicht", sagt die Karpfen-Mama zu ihrem Kind, als sie einen dicken Wurm entdeckt. „Wenn dir so ein Brocken vor die Nase fällt, ist ganz sicher irgendein Haken dabei!"

„Morgen ist unsere Silberhochzeit, Schatz. Soll ich aus diesem Anlass einen schönen Karpfen für das Festessen fangen?"
„Nein, besser nicht. Denn was kann der arme Fisch schon dafür?"

„Wenn du mir fünf Euro gibst, Papa, verrate ich dir, was der Briefträger immer zu Mutti sagt, wenn du Samstagvormittag beim Angeln bist."

„Abgemacht. Hier sind die fünf Euro. Also, was sagt er zur Mutti,
wenn ich zum Angeln bin?"
„Guten Morgen, Frau Brugger. Hier ist die Post!"

An einem eiskalten Wintertag sitzt ein Angler mit dicken Backen
am See. Ein Spaziergänger kommt vorbei und fragt, ob er
Zahnschmerzen habe.
„Nein, aber irgendwie muss ich die Würmer ja auftauen!"

„Seit fünf Stunden schauen Sie mir jetzt beim Angeln zu. Möchten
Sie nicht selbst einmal angeln?"
„Lieber nicht. Dazu fehlt mir einfach die Geduld."

Die Frau des Anglers klagt einer Nachbarin ihr Leid: „Jetzt habe
ich mal meinen Mann zum Angeln begleitet – und prompt alles
falsch gemacht: Zu laut gesprochen, die falschen Köder
genommen, viel zu früh die Angel eingezogen und vor allem: viel
mehr gefangen als er!"

Der Philosophieprofessor angelt in seinen Ferien an einem See.
Plötzlich steht ein Polizist hinter ihm und schnauzt: „Mit welchem
Recht angeln Sie eigentlich hier?"
Gelassen dreht sich der Professor um: „Mit dem mir von Natur aus
gegebenem Recht des Intellekts des Homo Sapiens über die mir
unterlegene animalische Kreatur!"
„Wenn das so ist, entschuldigen Sie bitte", meint der Polizist
kleinlaut, „aber man kann ja nicht alle neuen Gesetze kennen!"

Zwei Priester fischen neben einer Straße. Ein Autofahrer hält an
und fragt nach dem Weg zur nächsten Tankstelle.
Der eine Priester antwortet: „Immer geradeaus!"

Als der Autofahrer wieder Gas gibt, ruft er ihm noch nach: „Gott sei mit dir, das Ende ist nah, kehre um, solange du noch kannst." Der Autofahrer tippt sich an die Stirn und sagt: „Ihr habt sie doch nicht alle, Ihr religiösen Fanatiker", und fährt weiter. Zehn Sekunden später hört man ein lautes Platschen. Sagt der andere Priester: „Du hättest ihm vielleicht doch deutlicher sagen sollen, dass die Brücke kaputt ist."

Zwei Golfer kommen während einer spannenden Partie bei starkem Regen zu einem Fluss. Flussaufwärts sehen sie zwei Fischer, die ihre Angeln ins Wasser hängen lassen. Sagt der eine Golfer: „Schau dir diese beiden Idioten an. Die angeln im strömenden Regen!"

„Warum legen Sie die Gedecke so weit auseinander?" fragt der Oberkellner die Serviererin.
„Heute Abend tagt der Anglerverein. Die brauchen Platz für ihre Größenangaben."

Der Pfarrer trifft den Leitmayr, wie er in der Sonntagmorgendämmerung vom See kommt, die Angelrute geschultert. „Habe ich dir nicht immer wieder verboten, am Sonntag zu angeln?", schimpft der Geistliche.
Der Leitmayr macht ein unschuldiges Gesicht und antwortet: „ Aber, Hochwürden, ich habe doch nur zwei Karpfen für Ihre ehrwürdige Haushälterin gefangen."
„Das ist etwas anderes", sagt der Pfarrer anerkennend. „Dann segne dich der Herr."

KAPITEL 15:

Wild, wilder, Wilderer

Eigentlich dürfte man sie gar nicht erwähnen, denn sie sind die tiefschwarzen Schafe ihrer Zunft: die Wilderer. Im Grunde genommen sind sie nichts anderes als Räuber, und zum Glück sind ihre guten Zeiten, in denen manche von ihnen sogar zu Helden verklärt wurden, auch schon lange vorbei. Heute gilt Wilderei als „Straftat gegen das Vermögen und gegen Gemeinschaftswerte" und wird bis zu fünf Jahren Gefängnis bestraft. Ein paar gute Witze zum Thema gibt es trotzdem. Hier sind sie.

Der Wilderer geht zum Beichten. Er gerät an einen jungen Kaplan und beichtet ihm von seinen Wildereien. Unschlüssig, welche Sühne er ihm auferlegen soll, bittet der Kaplan den reuigen Sünder um einen Moment Geduld und läuft schnell hinüber ins Pfarrhaus zu seinem erfahrenen Kollegen: „Herr Pfarrer, da ist einer, der hat gewildert. Was soll ich dem geben?"
Der alte Pfarrer kratzt sich kurz am Kopf und antworte schließlich: „Also, ich gebe im Durchschnitt drei Euro fürs Kilo."

Der Huberbauer, ein berüchtigter Wilderer, wird zu zwei Monaten Gefängnis verurteilt. Seine Frau schreibt ihm wütend einen Brief: „Jetzt, wo du im Gefängnis sitzt, erwartest du wohl von mir, dass ich das ganze Feld umgrabe und Kartoffeln pflanze? Aber bilde dir das bloß nicht ein!"
Er antwortet ihr:
„Wage es ja nicht, das Feld anzurühren, dort habe ich das Schwarzgeld und die illegalen Waffen versteckt!"

Eine Woche später bekommt er erneut Post von ihr:
„Jemand muss im Gefängnis deinen Brief gelesen haben. Die
Polizei war hier und hat das ganze Feld umgegraben, aber sie
haben nichts gefunden."
Er schreibt: „Passt! Jetzt kannst du die Kartoffeln pflanzen!"

Der Jagdaufseher erwischt den Wilderer mit einer erlegten Gämse
auf dem Rücken. Der wirft einen Blick über die Schulter und ruft,
scheinbar völlig verdutzt: „Hilfe, ein Tier!"

Was tut ein Jäger, der aus Versehen ein Pferd erschossen hat?
Er steckt ihm einen Hasen ins Maul und sagt, es habe gewildert!

Ein Wilderer wird zu drei Monaten Gefängnis verurteilt. Nachdem
das Urteil verkündet ist, fragt er den Richter: „Ist es in Ordnung,
Euer Gnaden, wenn ich die Strafe während der Schonzeit antrete?"

Der angetrunkene Wilderer nimmt die Wildente auf dem Teich ins
Visier, zielt aber daneben und trifft stattdessen einen Fisch. Als er
den leblosen Körper des Tieres hochhebt, murmelt er vor sich hin:
„Wahnsinn, sogar das Gefieder hab ich ihr weggeschossen!"

„Es ist der Alkohol und nur der Alkohol allein, der an Ihrer
verzweifelten Lage schuld ist", rügt der Richter den angeklagten Wilderer.
„Ich danke Ihnen vielmals für Ihr Verständnis", murmelt der. „Sie
sind der erste, der nicht mir die Schuld in die Schuhe schiebt."

Der Wilderer kommt nach Hause und hat wie immer reiche Beute gemacht.
„Furchtbar", seufzt die Ehefrau, „kannst du nicht auch einmal
vorbeischießen wie andere Wilderer auch?"

Zwei Wilderer wandern durch den Wald. Plötzlich hält der eine inne, legt seine Hand auf die Schulter des anderen und sagt mit betrübter Miene: „Es tut mir leid, Peter, aber ich habe ein Verhältnis mit deiner Frau!"
Der schüttelt bestürzt den Kopf: „Da kannst du mal sehen, wie verlogen Frauen sind! Und mir hat sie kürzlich gestanden, sie hätte einen attraktiven und klugen Liebhaber."

Zwei Wilderer beim Gewehrputzen. Sagt der eine: „Du, mir kommt meine Kugel nicht richtig aus dem Lauf."
Der andere guckt in den Lauf und sagt: „Lass mal langsam eine Kugel gehen."

Zwei Wilderer auf der Jagd. Der eine schießt dem anderen aus Versehen ein Auge aus. Der warnt ihn: „Wenn du das nochmal machst, schau ich dich nie mehr an!"

Der Arzt zu seinem Patienten: „Sind Sie jetzt ausgeglichener und ruhiger geworden, seitdem Sie auf die Jagd gehen, wie ich es ihnen empfohlen habe?"
„Nein, Herr Doktor, ganz im Gegenteil, ich bin noch viel unruhiger geworden!"
„Merkwürdig", meint der Arzt, „in der Regel hilft es meinen Patienten, wenn ich ihnen die Jagd verordnet habe."
„Ja, Herr Doktor, das kann schon sein. Aber vielleicht haben die auch einen Jagdschein!"

Fragt der Richter den angeklagten Wilderer: „Angeklagter, geben Sie zu, die Fallen genauso angebracht zu haben, wie ich es Ihnen eben geschildert habe?"
„Nein, Herr Richter, das war ganz anders. Aber Ihre Methode ist auch nicht schlecht. Die merke ich mir für das nächste Mal."

KAPITEL 16:

Nach der Jagd

Wir nähern uns dem Ende. Ist das Wild erst einmal erlegt, gibt es viele Möglichkeiten, sich über das Abenteuer „Jagd" auszutauschen. Aber natürlich auch darüber, was mit der Jagdbeute alles anzustellen ist. Oder man kann sich ein paar grundsätzliche Gedanken über das Leben machen. Das wollen wir auf den nächsten Seiten tun.

„Kaum war das erste Treiben abgeblasen, da lag auch schon ein Hase tot vor meinen Füßen!", erzählt der Jäger am Morgen im Bäckerladen. „Ach", fragt der Bäcker interessiert, „an was ist er denn gestorben?"

Schröder kommt in die Wirtsstube und bringt einen Hasen mit. „Waidmannsheil, mein Freund", ruft ein Stammtischbruder. „Na, da hast du aber Jagdglück gehabt!" „Das kannst du laut sagen", sagt Schröder, „vor allem, wenn man bedenkt, dass ich auf einen Fasan gehalten habe."

Der Pfarrer ist begeisterter Jäger. Er wird eingeladen, auf die Hirschjagd mitzugehen. Und das an einem Tag, an dem er eigentlich ein Hochamt abhalten müsste! Aber der Pfarrer kann nicht widerstehen und entschuldigt sich wegen einer angeblichen Erkältung beim Bischof. Am Jagdtag erlegt er den Hirsch seines Lebens. Wenig später tritt der Teufel vor den Herrn und beschwert sich bei Gott: „Wie konntest du das zulassen? Dein Diener hat gelogen und du ermöglichst ihm ein solches Jagdglück! Du hättest ihn stattdessen bestrafen müssen!" „Aber das habe ich doch", sagt der Herr. „Er hat den Hirsch seines

Lebens erlegt und darf es niemandem erzählen, weil er sonst
Ärger mit dem Bischof kriegt!"

„Du, ich habe gestern 14 Enten geschossen!"
„Wilde?"
„Nein, wild war nur der Bauer, dem sie gehört haben."

Nach der Treibjagd inspiziert der Jagdherr die Strecke. Die Bilanz:
„42 Fasanen, 17 Rebhühner, 31 Hasen, einen Hirsch. Und leider
auch ein Treiber ..."
Der Jagdherr rast mit dem Schwerverletzten ins Krankenhaus.
„Die paar Schrotkugeln hätten ihm vermutlich nicht viel
geschadet", erklärt man ihm in der Notaufnahme. „Aber dass Ihre
Leute den Mann auch noch ausgenommen haben, wird er wohl
kaum überleben ..."

Der alte Jagdherr geht nach der Pirsch ins Wirtshaus und trifft dort
den Dorfdoktor.
„Wissen Sie schon, was ich heute erlegt habe?"
„Ja, ja", grinst der Arzt, „der Mann war schon bei mir in Behandlung ..."

Abends beim Schüsseltreiben, nach einer herrlichen Jagd. Man
feiert ausgelassen in der Stammkneipe. Plötzlich klingelt ein
Handy. Schulze geht ran. Eine Frauenstimme spricht: „Hallo
Schatz, ich stehe gerade in meiner Boutique. Die haben einen
Nerzmantel ausgestellt zu einem unglaublichen Preis! Was meinst
du, soll ich ihn kaufen?"
Schulze überlegt kurz, ehe er antwortet: „Ok, kauf ihn ruhig!"
Begeisterung am anderen Ende. „Du bist so süß, Schatz! Ich traue
es mich ja kaum zu sagen: Aber da gibt es auch noch ein
fantastisches Abendkleid ..."

Schulze antwortet: „Ich weiß, du wirst fantastisch darin ausschauen. Es sei dir gegönnt."

„Du wirst mich jetzt bestimmt beschimpfen", flötet die Stimme am anderen Ende. „Aber es gibt da noch ein paar ganz tolle hochhackige Stiefel, in denen sehe ich einfach scharf aus …"

„Wer könnte da widerstehen?", antwortet Schulze. „Sie seien dein!" Er lässt einige akustische Dankesküsse über sich ergehen, beendet das Gespräch, lächelt versonnen, hebt das Smartphone in die Höhe und ruft in den Raum: „Alle mal herhören! Wem gehört dieses Handy?"

Richter: „Nun verraten Sie mir bitte, Herr Neumann, warum Sie auf Ihren Jagdgenossen geschossen haben!"
„Ich habe ihn in der Aufregung für ein Reh gehalten."
„Und wann haben Sie Ihren Irrtum bemerkt?"
„Als das Reh zurückschoss …"

Der langatmige Festredner auf der Hubertusfeier kommt zum Schluss seiner Rede: „Meine Damen und Herren, liebe Waidgenossen! Wenn ich zu lange über das so wichtige Thema der Waidgerechtigkeit gesprochen haben sollte, bitte ich Sie um Entschuldigung, aber ich habe leider keine Uhr bei mir."
Stimme aus dem Publikum: „Hinter Ihnen hängt doch ein Kalender!"

Der Solist bläst „Hirsch tot." Er sieht, wie einem Zuhörer die Tränen über die Wangen laufen. Teilnahmsvoll fragt der Solist: „Sind Sie auch hirschgerechter Jäger?"
„Nein", erwidert der Mann, „Ich bin Jagdhornbläser."

Ein Jäger kommt in ein Gasthaus, in dem auch eine Damenrunde sitzt. Der alte Chauvi geht an deren Tisch und sagt:

„Ich muss euch einen Witz erzählen, der ist so gut, dass ihr euch vor Lachen schütteln werdet! Ihr werdet euch derart vor Lachen schütteln, dass ihr nachher alle einen Hängebusen bekommt." Er zögert kurz, schaut dann nochmals in die Runde und fährt fort: „Wenn ich euch alle so anschaue, kennt ihr den Witz schon!"

Die letzten Worte eines Großwildjägers:
„Eben war er noch da drüben."

Der Gast bestellt sich im Landgasthaus Hasenbraten. Am Nebentisch macht der Sohn des Gastwirts Hausaufgaben. „Na, mein Junge", beginnt der Gast ein Gespräch, „hat denn dein Vater den Hasen, den ich gerade verzehrt habe, selbst geschossen?" „Na klar", antwortet der Junge. „Das Miaue in der Nacht ist uns schon lange auf die Nerven gegangen."

Bei der Jahresabschlussfeier des Jagdvereins hat der Vorsitzende schwer mit dem Mikrophon und einer Rückkopplung zu kämpfen. Sagt er zu den Anwesenden: „Entschuldigen Sie bitte, meine lieben Freunde! Aber ich kann mir dieses Pfeifen nicht erklären." Tönt eine Stimme aus einer der hinteren Reihen: „Das ist die Rückkopplung vom Herzschrittmacher!"

Stirbt der Jäger im November,
braucht er kein' Adventskalender.

Zwei Jäger gehen durch den Wald, als einer der beiden plötzlich zusammenbricht. Er atmet nicht mehr, seine Augen sind glasig, die Arme hängen leblos herab. Der andere Jäger greift zum Handy und betätigt den Notruf.
„Mein Kollege ist tot. Was soll ich tun?", fragt er in Panik.

„Ganz ruhig", bekommt er zur Antwort von der Leitstelle.
„Überzeugen Sie sich zunächst, ob er wirklich tot ist."
Einige Sekunden Stille, dann ist ein Schuss zu hören.
Der Jäger fragt: „Gut, erledigt. Und was jetzt?"

Jägerstammtisch. „Habt ihr schon gehört: Schlottke hat endlich
den Hasen erlegt, hinter dem er schon wochenlang her war!"
„Ach komm, der trifft doch nie was!"
„Ich habe ja auch nicht gesagt, dass er ihn getroffen hat. Er hat ihn überfahren."

Der alte Förster liegt im Sterben. Mit letzter Kraft sagt er zu seiner
Frau: „Liebe Else, wir haben sieben Kinder. Sechs davon haben
sich ordentlich entwickelt. Die Hälfte von ihnen hat es sogar in
meinem Beruf zu etwas gebracht. Nur der Andreas, der macht mir
große Sorgen. Er ist ein rechter Taugenichts. Sag mir, liebe Else, jetzt
die Wahrheit: Ist dieser Andreas überhaupt mein Sohn?"
Seine Frau nickt bedächtig: „Gerade der!"

Die letzten Worte des Großwildjägers: „Scheiße, Munition alle ..."

Eine Gruppe von Jägern ist in der Nähe eines Dorfes am
Waldrand unterwegs. Plötzlich sehen sie in einiger Entfernung
einen Leichenzug auf dem Weg zum Friedhof.
Einer der Jäger bleibt andächtig stehen, zieht seinen Hut und
senkt seinen Kopf zum Gebet.
Ein Begleiter fragt ihn etwas verwundert: „Pietät hin, Pietät her,
aber glaubst du nicht, dass du ein bisschen übertreibst?"
Der erste antwortet: „Ach, das geht schon in Ordnung, schließlich
waren wir 30 Jahre miteinander verheiratet."

KAPITEL 17:

Jägersprache von A – Z

Für Außenstehende mag die Jägersprache ein Buch mit sieben Siegeln sein. Im Folgenden versuchen wir, einige der wichtigsten Begriffe kurz zu erklären. Schließlich soll dieses Buch nicht nur Unterhaltungs-, sondern auch Nutzwert für Sie haben.

Abäsen nennt man das Abfressen von Pflanzen.

Abbalgen heißt das Abziehen der Haut bei Niederwild, außer beim Rehwild, einschließlich allem Federwild.

Abblasen beendet die Gesellschaftsjagd mit dem Jagdhorn.

Abgehen ist ein Begriff für das Flüchtigwerden des Wildes.

Abliebeln bedeutet, einen Hund für gute Arbeit zu loben und zu streicheln.

Abrichten heißt die Ausbildung des Jagdhundes.

Abschlagen bedeutet die Vertreibung eines jüngeren Hirsches durch einen alten.

Abschwarten nennt man das Häuten von Schwarzwild.

Abtragen ist die Ausbildung des Greifvogels zur Jagd.

Abwerfen ist ein Ausdruck für das Abstoßen des Geweihs oder Gehörns.

Achtender nennt man einen Hirsch mit einem achtendigen Geweih. Ein Hirsch mit einem sechsendigen Geweih heißt entsprechend Sechsender.

Ankirren ist der Fachbegriff für das Anlocken von Wild an eine bestimmte Stelle.

Annehmen ist der Angriff eines Wildes auf einen Jäger.

Ansteller nennt man einen Jäger, der Jagdgästen einen festen Platz zuweist.

Apportieren heißt es, wenn das Wild vom Hund gebracht wird.

Aufbruch ist ein Synonym für die Eingeweide.

Aufgang steht für den Beginn der Jagdzeit nach der Schonzeit.

Aufstieben nennt man es, wenn Federwild erschreckt auffliegt.

Auspochen bedeutet, Marder oder Iltis durch Lärm zu vertreiben.

Bache heißt ein weibliches Stück Schwarzwild (Wildschwein) ab dem 3. Lebensjahr.

Balg wird die Haut mit dem Fell von Hasen, Kaninchen, Rotfuchs und Marder genannt.

Basse ist der Ausdruck für einen starken Keiler.

Bast ist die Bezeichnung für die Haut um das Geweih während des Wachsens.

Bau wird die Behausung von Dachs, Fischotter, Fuchs, Iltis, Kaninchen, Murmel und Wildkatze genannt.

Beize heißt die Jagd mit Greifvögeln.

Blattschuss steht für den Schuss, der ein Tier ins Schulterblatt trifft und dabei wichtige Organe wie Herz, Lunge und große Blutgefäße verletzt, wodurch das Tier schnell verendet.

Blume nennt man den Schwanz des Feldhasen sowie das Ende der Lunte des Fuchses.

Bruchzeichen sind Zweige bestimmter Bäume, mit denen sich Jäger gegenseitig informieren.

Burg ist der Fachbegriff für die Behausung des Bibers.

Changieren steht für das Wechseln des Schweißhundes auf eine andere Fährte.

Decke heißt die Haut des Hundes und allen Schalenwildes mit Ausnahme des Schwarzwildes. Dort heißt es Schwarte.

Doppelkopf nennt sich nicht nur ein Kartenspiel, sondern auch abnormes Geweih aus noch nicht abgeworfenen und neu geschobenen Stangen.

Einfahrt nennt man den Eingang eines Baues.

Einstand ist der Name für den Rückzugsbzw. Aufenthaltsort von Wildtieren.

Erlegen heißt, ein Stück Wild zu töten.

Fächer steht für den
-> Stoß des Auerhahns.

Fähe heißen die weiblichen Füchse und Marder.

Fang wird die Schnauze von Raubtieren und Hunden genannt, aber auch die Krallen von Greifvögeln.

Frischen nennt man das Gebären des Schwarzwildes.

Geiß heißt ein weibliches Reh, das im Rudel eine Führungsrolle innehat.

Geläut sagt man zum Bellen mehrerer Hunde, etwa bei der Treibjagd.

Gewaff ist die Bezeichnung sowohl für die Eckzähne des Keilers als auch für die Klauen der Greifvögel.

Geweih heißt der Kopfschmuck beim Hirsch oder Elch.

Gewölle nennt man die ausgespienen Ballen von Greifvögeln und Eulen.

Haderer werden die Oberkiefereckzähne des Keilers genannt. Die unteren heißen Hauer.

Hexenring ist der Ring im Getreide, in dem ein Bock die Ricke treibt.

Himmeln ist der Begriff dafür, wenn nach dem Schuss Flugwild steil nach oben steigt.

Hudern nennt man das originelle Sandbaden von Hühnervögeln.

Innehaben ist ein anderes Wort für trächtig sein.

Jährling nennt man einen einjährigen Rehbock.

Jule ist das Gerät, auf dem Greifvögel mit der Langfessel angelegt stehen.

Kanzel ist in der Jägersprache ein anderer Begriff für Hochsitz.

Kapital ist ein anderer Begriff für ungewöhnlich stark.

Keiler nennt man ein männliches ausgewachsenes Wildschwein.

Kitz ist die Bezeichnung für junge Rehe, Gämsen oder Steinwild.

Kuder heißt ein männlicher Luchs oder eine männliche Wildkatze.

Kuhle wird die Schlafmulde der Tiere genannt.

Lampe heißt der helle Fleck des Hasenschwanzes.

Löffel sind die Ohren von Hasen und Kaninchen.

Losung sind Tierexkremente.

Luder wird ein Köder in Form eines toten Tieres genannt.

Lunte ist der Schwanz von Fuchs und Marder.

Markieren nennt man das Verhalten bestimmter Tiere zur Kennzeichnung ihres Reviers.

Mönch heißt ein geweihloser Hirsch.

Orgeln wird das Schreien des Rothirsches in der Brunft genannt.

Plätzen nennt man es, wenn Wild mit den Vorderläufen Laub wegschlägt.

Pirsch nennt man es, wenn sich ein einzelner Jäger unbemerkt gegen den Wind so nah wie möglich ans Wild heranschleicht, um es zu erlegen.

Platzhirsch heißt der Herrscher über ein Rudel.

Prossen bedeutet, dass Auerwild Knospen äst.

Pürzel steht für den Schwanz des Bären, Schwarzwildes und Dachses.

Quäke ist ein Instrument zum Nachahmen des Klagelautes des Hasen.

Quoren nennt man den Laut einer balzenden Schnepfe.

Rausche wird die Paarungszeit des Schwarzwildes genannt.

Reißen heißt es, wenn Bär, Luchs, wWolf oder Fuchs wild fangen und töten.

Remise bezeichnet ein kleines Gehölz auf deckungslosem Feld.

Röhren sind die Gänge von Fuchs-, Dachs- und Kaninchenbau.

Rotte steht für eine Gruppe mehrerer Wildschweine.

Sasse heißt das Lager der Hasen.

Schale nennt man die Klauen von Wiederkäuern und Wildschweinen.

Schaufel bezeichnet das Geweih von Elch oder Dammwild.

Schnalle steht für das äußere weibliche Geschlechtsteil von Wölfen, Füchsen, Hunden und ähnlichem.

Schnüren ist ein anderer Begriff für die Bewegung eines Fuchses.

Schussfest ist ein Jagdhund, der nach Abgabe eines Schusses nicht erschrickt.

Sichern nennt man die aufmerksame Prüfung der Umgebung des Wildes.

Standlaut heißt das Bellen des Hundes vor Wild.

Stoß nennt man die Schwanzfedern von Greifvögeln.

Strecke werden alle erlegten Tiere einer Jagd genannt, die nach einer estimmten Ordnung in einer Reihe ausgelegt werden.

Teller sind die Ohren des Schwarzwildes.

Terzel heißen männliche Greifvögel, lediglich der Sperber heißt Sprinz.

Trollen wird das Traben des Schalenwildes genannt.

Überläufer steht für das Schwarzwild im zweiten Lebensjahr.

Vergrämen bedeutet, dass Wild gestört wird.

Verludern wird das Verenden eines angeschossenen Wildes genannt, das man nicht rechtzeitig gefunden hat.

Waidmannsheil lautet eine traditionelle Formel, mit der sich Jäger begrüßen, verabschieden oder gratulieren. Die Antwort heißt Waidmannsdank!

Widergang nennt man das Zurückwechseln auf die eigene Fährte.

Winden heißt, sich durch den Geruchsinn orientieren.

Witterung ist der Geruch, der von Wild ausgeht.

Wurf nennt man sowohl den Rüssel des Schwarzwildes als auch die Gesamtheit der Jungen

bei Wolf, Luchs, Fuchs und Wildkatze.

Wurzeln heißt die Nahrungs-
aufnahme des Dachses.

Zerwirken wird das Zerlegen von Wild

zu Wildbret in verwertbare Teile genannt.

BILDNACHWEIS

Seite 1
Kampf mit dem Wilderer. Ein Winterbild von A. Franck in München.
Aus: Die Gartenlaube, Leipzig 1876, Archiv Regionalia Verlag

Seite 2
Ein Jäger auf dem Weg zur abendlichen Jagd bei Mannersdorf am Leithagebirge, Niederösterreich. Wikimedia commons, Joadl

Seite 8
Joseph Führich, Radierung Anfang 19. Jh. Wikimedia commons, o.A.

Seite 11
Das Ende des Wildschützen. Nach einem Originalgemälde von August Dieffenbacher, British Library, London

Seite 15
Annals of the Warwickshire hunt, 1795-1895, from authentic documents (1896). Wikimedia commons, Internet Archive Book Images

Seite 16
Diplomatenjagd mit Bundespräsident Heinrich Lübke 1960.
Wikimedia commons, Foto: Simon Müller, Bundesarchiv_B_145_Bild-F009151-0002

Seite 19
Bears I have met-and others (1903). Wikimedia commons, Allen Kelly

Seite 38
Jäger. Foto von Peter Scherer (1869–1922).
Aus: Gute alte Zeit? Fotografien von Peter Scherer, Stuttgart und Aalen 1974

BILDNACHWEIS

Seite 47
Above, a bee is working on a honeycomb before the critical eyes of a king and his entourage in the clouds, below, bees are flying to and fro two wicker beehives; illustration of a fable. Etching. Wellcome Library, London

Seite 59
Die Wilddiebe. Lithografie von Louis Kramp (1804–1871), ca. 1830, Archiv Regionalia Verlag

Seite 76
Der November. Wikimedia commons, Joachim von Sandrart (1606-1688)

Seite 84
Zeichnung, unbekannt. Aus: Adventures in the wilderness, Boston 1869, Boston Public Library

Seite 104
Der alte Wilderer. Nach dem Ölgemälde von H. Schlitt. Aus: Die Gartenlaube, Leipzig 1887, Archiv Regionalia Verlag

Seite 110
Die Waldbuße. Aus: Die Gartenlaube, Leipzig 1866, Archiv Regionalia Verlag

Seite 119
Eine Sauhatze. Lithographie aus „Johann Elias Ridingers Jagd-Album" von Hermann Menzler im Druck von A. Renaud, Berlin 1863-65

Seite 125
Jacob Gole (1660-1724) – Drie hazen en twee eksters in een landschap.

Ebenfalls im Regionalia Verlag erschienen:

ISBN 978-3-939722-66-3

ISBN 978-3-939722-80-9

ISBN 978-3-939722-40-3

ISBN 978-3-939722-75-5

Jeweils 128 Seiten • 16,5 × 19,8 cm • Hardcover